Die sechs Gesetze des Reichtums

DIE SECHS GESETZE DES REICHTUMS

von: D.K. Hawkins
Version 1.1 ~Januar 2023
Veröffentlicht von D.K. Hawkins bei KDP
Copyright ©2023 von D.K. Hawkins. Alle Rechte vorbehalten.

Kein Teil dieser Veröffentlichung darf ohne vorherige schriftliche Genehmigung der Herausgeber in irgendeiner Form oder mit irgendwelchen Mitteln, einschließlich Fotokopien, Aufzeichnungen oder anderen elektronischen oder mechanischen Methoden oder mit Hilfe eines Informationsspeicher- oder -abrufsystems, vervielfältigt, verbreitet oder übertragen werden, mit Ausnahme von sehr kurzen Zitaten in kritischen Rezensionen und bestimmten anderen nichtkommerziellen Verwendungen, die nach dem Urheberrecht zulässig sind.

Alle Rechte vorbehalten, einschließlich des Rechts auf vollständige oder teilweise Vervielfältigung in jeder Form.

Alle Angaben in diesem Buch wurden sorgfältig recherchiert und auf ihre sachliche Richtigkeit überprüft. Der Autor und der Herausgeber übernehmen jedoch keine Garantie, weder ausdrücklich noch stillschweigend, dass die hierin enthaltenen Informationen für jede Person, jede Situation oder jeden Zweck geeignet sind, und übernehmen keine Verantwortung für Fehler oder Auslassungen.

Der Leser übernimmt das Risiko und die volle Verantwortung für alle Handlungen. Der Autor kann nicht für Verluste oder Schäden verantwortlich gemacht werden, die sich aus den in diesem Buch enthaltenen Informationen ergeben, seien es Folgeschäden, zufällige Schäden, besondere Schäden oder sonstige Schäden.

Alle Bilder sind frei verwendbar oder von Stockfoto-Websites erworben oder lizenzfrei für die kommerzielle Nutzung. Ich habe mich bei der Erstellung dieses Buches auf meine eigenen Beobachtungen sowie auf viele verschiedene Quellen gestützt, und ich habe mein Bestes getan, um Fakten zu überprüfen und Quellenangaben zu machen, wo sie angebracht sind. Sollte Material ohne entsprechende Erlaubnis verwendet worden sein, kontaktieren Sie mich bitte, damit das Versehen korrigiert werden kann.

Die in diesem Buch enthaltenen Informationen dienen nur zu Informationszwecken und sind nicht als Quelle für Ratschläge oder Kreditanalysen in Bezug auf das dargestellte Material gedacht. Die in diesem Buch enthaltenen Informationen und/oder Dokumente stellen keine Rechts- oder Finanzberatung dar und sollten niemals ohne vorherige Rücksprache mit einem Finanzfachmann verwendet werden, um festzustellen, was für Ihre individuellen Bedürfnisse am besten geeignet ist.

Der Herausgeber und der Autor geben keine Garantie oder andere Versprechen hinsichtlich der Ergebnisse, die durch die Verwendung des Inhalts dieses Buches erzielt werden können. Sie sollten niemals eine Investitionsentscheidung treffen, ohne vorher Ihren eigenen Finanzberater zu konsultieren und Ihre eigenen Nachforschungen und Sorgfaltsprüfungen durchzuführen. Soweit gesetzlich zulässig, lehnen der Herausgeber und der Autor jegliche Haftung für den Fall ab, dass sich die in diesem Buch enthaltenen Informationen, Kommentare, Analysen, Meinungen, Ratschläge und/oder Empfehlungen als ungenau, unvollständig oder unzuverlässig erweisen oder zu Investitions- oder anderen Verlusten führen.

Der in diesem Buch enthaltene oder zur Verfügung gestellte Inhalt stellt keine Rechts- oder Anlageberatung dar, und es wird keine Beziehung zwischen Anwalt und Mandant begründet. Der Herausgeber und der Autor stellen dieses Buch und seinen Inhalt auf einer "wie besehen"-Basis zur Verfügung. Die Nutzung der Informationen in diesem Buch erfolgt auf eigene Gefahr.

INHALTSVERZEICHNIS.

INHALTSVERZEICHNIS. 3

EINFÜHRUNG. 5

TEIL 1 – SAVING. 10

    WARUM IST SPAREN SO SCHWER? WIE KANN ICH ES BESSER MACHEN? 12

    DIE BESTEN SPARIDEEN ALLER ZEITEN. 22

TEIL 2 – INVEST. 43

    WAS IST EINE INVESTITION? 43

    WELCHE VERSCHIEDENEN FORMEN VON INVESTITIONEN GIBT ES? 51

    WIE MAN ALS INVESTOR REICH WIRD. 57

    WIE SIE HEUTE MIT DEM GELD, DAS SIE DERZEIT AUSGEBEN, INVESTIEREN KÖNNEN. 62

TEIL 3 - SCHULDENFREI. 70

    WIE MAN DIE PSYCHOLOGIE DER SCHULDEN VERSTEHT UND AUS DEN SCHULDEN HERAUSKOMMT. 81

    UNEINBRINGLICHE FORDERUNGEN KÖNNEN IHR VERMÖGEN RUINIEREN. 90

    IHRE STRATEGIE ZUM SCHULDENABBAU. 93

    UMWANDLUNG VON SCHULDEN IN VERMÖGEN. 97

TEIL 4 – PATIENCE. 103

    WAS KOSTET ES SIE, GEDULD ZU ENTWICKELN? ... 103

WIE MAN VON MITTELLOS ZU REICH WIRD. 106

GELD HAT EIN ENERGIEFELD. 108

IHRE IDEEN INS LEBEN ZU RUFEN. 111

WARUM GEDULD DAS ENTSCHEIDENDE ERFOLGSELEMENT IST. 116

DIE FORMEL FÜR REICHTUM, DIE NIE SCHEITERN KANN. ...122

TEIL 5 - IN SICH SELBST INVESTIEREN. 133

AUSGEZEICHNETE METHODEN, UM IN SICH SELBST ZU INVESTIEREN. 139

TEIL 6 – DIVERSIFIED. 151

WARUM IST DIVERSIFIZIERUNG FÜR IHR PORTFOLIO WICHTIG? 159

DIE BEDEUTUNG DER DIVERSIFIZIERUNG FÜR DIE VERMÖGENSBILDUNG. 168

SIND IHRE ANLAGEN AUSREICHEND DIVERSIFIZIERT? 175

INVESTITIONSVORSICHT DURCH PORTFOLIODIVERSIFIZIERUNG. 189

AUSSTIEGSTECHNIKEN UND DIVERSIFIZIERUNG. 200

DIVERSIFIZIERUNG IST DER SCHLÜSSEL ZUM INDIVIDUELLEN VERMÖGEN. 206

SCHLUSSFOLGERUNG. 219

EINFÜHRUNG.

Zu den wichtigsten Gesetzen, die das Universum steuern, gehören die Gesetze des Reichtums. Diese Prinzipien beziehen sich auf die Ebbe und Flut des Reichtums in unserem Leben, und entgegen der landläufigen Annahme ist dieses Gesetz gar nicht so sparsam.

Möchten Sie mehr über diese Gesetze erfahren? Lesen Sie weiter, um mehr über die Gesetze des Reichtums zu erfahren.

Das Universum ist reichhaltig. Leider scheinen das nicht viele Menschen zu begreifen, so dass sie versuchen, sich an das zu klammern, was sie haben. Sie begreifen nicht, dass Wohlstand frei fließen kann; er ist nicht begrenzt. Wenn man auf Reichtum verzichtet, erhält man ihn immer in irgendeiner Form zurück.

Felix Dennis, einer der reichsten Menschen der Welt, sagte, dass man sein Geld, nachdem man es verschenkt, verliehen oder gespendet hat, vergessen sollte. Das Gesetz des Reichtums besagt, dass Gleiches Gleiches anzieht. Wenn Sie sich an Ihrem Wunsch orientieren, wird er zu Ihnen kommen. Um Reichtum anzuziehen, müssen Sie also eine Einstellung haben, die in der gleichen Frequenz schwingt wie Ihr Wunsch.

Wenn Sie um mehr Geld und Wohlstand bitten, während Sie über Ihre Rechnungen und finanziellen Probleme nachdenken, werden Sie einfach mehr Rechnungen und finanzielle Probleme anziehen. Bevor Sie etwas anderes tun, müssen Sie Ihren Geist reinigen und Ihre Gedanken und Gefühle akzeptieren. Vergewissern Sie sich, dass Ihr Enthusiasmus der Bitte, die Sie stellen, angemessen ist.

Wenn es Ihnen ernst damit ist, mehr Reichtum in Ihr Leben zu bringen, müssen Sie aufhören, sich selbst zu erniedrigen. Die Gesetze des Reichtums besagen, dass negative Gedanken Hindernisse schaffen. Sie müssen damit beginnen, diese negativen Verhaltensweisen abzulegen und neue, ermächtigende Verhaltensweisen zu entwickeln. Behalten Sie immer ein Lächeln, vor allem wenn Sie so banale Aufgaben wie den Abwasch erledigen.

Eine positive Einstellung ist eine Technik, um negative Gedanken herauszufiltern und Wohlstand in Ihr Leben zu bringen. Wie bereits gesagt, sind die Gesetze des Reichtums nicht so sparsam, wie manche Leute sie darstellen. Der wahre Geizhals ist die Person, die sich selbst zurückhält. Es ist an der Zeit, mit dieser Denkweise aufzuhören und damit zu beginnen, mehr Reichtum und Wohlstand anzuziehen.

Alles muss durch ein Gesetz erklärt werden, das im Hintergrund wirkt. Das Fehlen von Rechtskenntnissen bedeutet nicht, dass es kein Gesetz gibt. Daher muss ein Gesetz erklären, warum John wohlhabend ist und Jim nicht, obwohl beide vergleichbare Fähigkeiten, Hintergründe und eine vergleichbare Arbeitsmoral besitzen.

Diejenigen, die dieses Gesetz verstehen, finden es nicht rätselhaft. Es ist kein Zufall oder Glück. Jede wissenschaftliche Erklärung schließt Zufall oder Glück aus. Wir berufen uns auf Erklärungen für Glück oder

Zufall nur im Angesicht von Unwissenheit und Unsicherheit.

Auch wenn ich oder irgendjemand anders dieses Gesetz noch nicht entdeckt haben mag, so können wir doch sicher sein, dass es ein Gesetz des Reichtums oder der Anziehung gibt, das Geld zu denen hinzieht, die es bewusst oder unbewusst ausgenutzt haben.

Jedes Phänomen und jedes Ereignis im Universum lässt sich wissenschaftlich erklären. Ein kausaler Zusammenhang erklärt eine Wirkung, wie z. B. dass eine Person wohlhabend wird. Während im Bereich der menschlichen Angelegenheiten ein solcher Zusammenhang durch kontrollierte Versuche mit absoluter Sicherheit festgestellt werden kann, ist es schwieriger, ihn mit absoluter Sicherheit zu identifizieren.

Personen mit umfassender Erfahrung auf diesem Gebiet behaupten jedoch, dass man Reichtum anziehen kann, indem man bestimmte Eigenschaften kultiviert. Diese Eigenschaften gehen über die Eigenschaften eines tugendhaften Menschen hinaus.

Möchten Sie einen nie versiegenden Strom von Geld und Reichtum in Ihr Leben bringen? Lernen Sie die Geheimnisse des Reichtums mit den sechs Gesetzen und Prinzipien des Reichtums, die in diesem BUCH besprochen werden. Wenn Sie mit einem Minimum an Aufwand und Kampf reich werden wollen, dann ist dieses Buch Ihre erste Anlaufstelle.

Lesen Sie weiter und erfahren Sie mehr.

TEIL 1 – SAVING.

Wussten Sie, dass die Art und Weise, wie Sie Ihre Finanzen verwalten, ein wichtiger Indikator dafür sein kann, wie wahrscheinlich es ist, dass Sie andere persönliche Ziele erreichen? Die gleichen Grundprinzipien, die beim Sparen oder beim Vermögensaufbau angewandt werden, lassen sich auch auf die Verwirklichung nichtmonetärer Ziele anwenden.

Der Prozess des Vermögensaufbaus kann recht langsam sein. Beim Sparen beispielsweise müssen wir in der Regel mit einer bestimmten Menge beginnen, die von Null bis zu einem unbestimmten Betrag reicht. Dann müssen wir einen Plan aufstellen und die nötige Selbstdisziplin aufbringen, um diesen Plan umzusetzen. Sie müssen also bereit sein, kleine, geplante Maßnahmen zu ergreifen, um Ihr Ziel zu erreichen.

Sollten wir nicht genauso vorgehen, wenn wir versuchen, andere Ziele zu erreichen, z. B. die Gesundheit zu verbessern oder einen neuen Arbeitsplatz zu finden?

Die Menschen scheinen es einfach nicht zu begreifen, aber wir erreichen alles, was wir uns wünschen, indem wir bescheidene, schrittweise Anstrengungen unternehmen. Wir entwickeln Größe, indem wir unsere scheinbar unbedeutenden, kleinen Ziele erreichen.

Ich fordere alle meine Kunden und Abonnenten auf, sich das Sparen zur Gewohnheit zu machen, und zwar nicht, um Geld auszugeben, sondern um finanzielle Unabhängigkeit und Sicherheit zu erreichen.

Das wirklich Schöne am Sparen ist, dass es nach einer gewissen Zeit zur Gewohnheit wird. Dann werden Sie sich fragen, warum Sie in der Vergangenheit nie konsequent gespart haben, und Sie werden mehr und mehr sparen wollen.

WARUM IST SPAREN SO SCHWER? WIE KANN ICH ES BESSER MACHEN?

Vielleicht erinnern Sie sich daran, wie als Kind ein Vertreter Ihrer örtlichen Bank Ihre Schule besuchte und mit Ihrer Klasse über Geld und Sparen sprach.

Was also ist Sparen? Sparen ist der Akt der Aufbewahrung von etwas für die Zukunft.

Was ist also Geldsparen? Sparen ist der Geldbetrag, den Sie von Ihrem Einkommen zurückbehalten.

Was ist also ein Sparkonto? Ein Sparkonto ist einfach ein Bankkonto, auf dem Ersparnisse aufbewahrt werden. Die Bank zahlt Ihnen Zinsen (einen bestimmten Prozentsatz) auf das Guthaben auf Ihrem Konto.

Warum handelt die Bank auf diese Weise?

Wenn Sie Geld bei einer Bank einzahlen, kann diese dieses Geld verwenden, um es an andere zu verleihen und gewinnbringend anzulegen. Als Gegenleistung für Ihre Zustimmung zahlt die Bank Ihnen einen bestimmten Prozentsatz ihrer Erträge - dieser Prozentsatz wird als Zinssatz bezeichnet.

Aber wie viele von uns können heute eine respektable Sparquote vorweisen?

Damals mussten wir nur für Süßigkeiten und Spielzeug bezahlen. Alles zu sparen, was wir jemals erworben haben, war einfach, aber jetzt scheint es viel schwieriger zu sein. Man muss Miete oder Hypothek, Auto, Benzin, öffentliche Verkehrsmittel, Handy, Festnetz, Internet, Strom, Gas und Lebensmittel bezahlen, und wir haben noch nicht einmal das Taschengeld oder die Steuern eingerechnet.

Okay, nachdem Sie all diese Dinge bezahlt haben, können Sie genug Geld übrig haben, um es auf Ihr Sparkonto einzuzahlen. Das trifft auf die meisten Menschen zu. Bedenken Sie jedoch, dass jeder diese Kosten hat. Sie können glauben, dass das Problem darin besteht, dass Sie zu Beginn nicht genug Geld erhalten haben.

Ja, das kann eine Rolle spielen, aber es ist nicht das Hauptproblem. Wie viele Menschen in Ihrem Büro, in Ihrer Familie oder in Ihrem sozialen Umfeld verdienen gut, scheinen aber immer verzweifelt auf ihren nächsten Gehaltsscheck zu warten? Das liegt daran, dass sie wahrscheinlich genau wie Sie kaum Fortschritte machen. Die Bankkonten sind von Jahr zu Jahr fast identisch.

Worum geht es also, wenn es nicht darum geht, wie viel man bekommt, sondern darum, dass jeder die gleichen Waren kaufen muss?

Warum ist Sparen so schwierig?

Beginnen wir mit der Analyse des Geldflusses einer normalen Person in einer Sparsituation.

- Einkommen kommt rein Ausgaben gehen raus
- Alles, was übrig bleibt, wird für die Rückzahlung der [Kreditkarten-]Schulden verwendet.

- Alles, was übrig bleibt, wird auf Ihrem Bankkonto gespeichert.

Das scheint plausibel. Aber dieser Ansatz wird Sie nicht weiterbringen. Es ist nichts falsch an dem, was getan wird, aber hier ist das Geheimnis: Es kommt auf die Reihenfolge an, in der sie ausgeführt werden. Betrachten wir sie in der RICHTIGEN Reihenfolge.

Das Einkommen geht ein. Eine vorher festgelegte Geldmenge wird auf ein Sparkonto eingezahlt. Ein vorher festgelegter Betrag wird verwendet, um uneinbringliche Forderungen zu tilgen.

Die Ausgaben gehen aus.

"Was ist das?", fragen Sie. "Sich selbst zuerst bezahlen? Sie machen wohl Witze. Ich kann mich nicht zuerst selbst bezahlen. Ich werde nicht genug Geld haben, um meine Ausgaben zu decken." Und was wissen Sie schon? Sie haben wahrscheinlich recht.

Wenn Sie dies zum ersten Mal in der neuen Vereinbarung prüfen, werden Sie feststellen, dass Sie nicht genügend Mittel haben, um Ihre Ausgaben zu decken. Aber sind Sie nicht derjenige, der so viele Stunden arbeitet? Sie sind doch derjenige, der die Beförderung erhalten hat, oder?

Sind Sie nicht derjenige, der all diese Ziele erreichen will? Das stimmt. Deshalb lautet meine Frage: "Warum sollten Sie sich nicht zuerst selbst bezahlen?"

Glauben Sie, dass Woolworths oder Coles Ihre Gunst mehr verdient?

Glauben Sie, dass die Bank Ihr Geld mehr verdient?

Glauben Sie, dass das Versorgungsunternehmen mehr verdienen sollte als Sie? Nein. Sie sind nicht.

Dies ist vielleicht eines der größten Hindernisse, die Sie jemals überwinden müssen, um das Geld zu bekommen, das Sie sich wünschen, aber wenn Sie es einmal getan haben, wird ALLES viel klarer und einfacher.

Wie hoch ist also die vorher festgelegte Summe?

Verwenden Sie gegebenenfalls Ihr Einkommen nach Steuern. Die meisten Websites empfehlen, mit 10 % Ihres Bruttoeinkommens zu beginnen. Wenn 10 % machbar sind, erhöhen Sie den Bedarf auf 15 % oder 20 %. Wenn Sie 10 % nicht erreichen können, begnügen Sie sich mit 8 % oder 5 %.

Sie können glauben, dass 10 % unmöglich zu erreichen sind, aber lassen Sie uns einige Zahlen betrachten. Wenn Sie täglich 10 Dollar verdienen würden, könnten Sie dann mit 9 Dollar überleben? Wie einfach ist es, 1 Dollar aufzutreiben, wenn Sie sie in Zukunft brauchen?

Was kann man mit 10 Dollar kaufen? Ein Mittagessen bei McDonald's an einem Tag und ein paar Biere in der Bar am Abend sind auch ohne die 10 Dollar möglich.

Was wäre, wenn Sie 1000 Dollar bekämen?

Wären 900 Dollar nicht ausreichend, um ohne großes Drama auszukommen?

Ruhen Sie sich aus, und Sie werden diese 10 % nicht vermissen, wenn Sie sie sofort abheben, bevor Sie sie ausgeben. Der durchschnittliche Jahreslohn in Australien beträgt etwa 42.000 $, wenn Sie nur 10 % Ihres Monatsgehalts sparen könnten.

Dann hätten Sie 4.200 Dollar auf Ihrem Bankkonto, was gar nicht so schwierig war. Man musste nur die Reihenfolge ändern, in der man die Dinge erledigte. Am Anfang war das ein wenig schwierig oder unangenehm, aber nach dem zweiten oder dritten Gehaltsscheck haben Sie es kaum noch bemerkt. Herzlichen Glückwunsch!

Dies ist ein Gedanke. Einige von Ihnen werden glauben, dass 4.200 Dollar nicht viel sind, aber wussten Sie, dass es für den Hin- und Rückflug (von Sydney nach Phuket) plus Lebenshaltungskosten für drei Monate reicht, obwohl Phuket eines der teuersten Länder Südostasiens ist? Stellen Sie sich vor, Sie müssten das sechs Monate lang auf den Philippinen aushalten.

Die meisten Menschen arbeiten ihr ganzes Leben lang hart, um dann mittellos in den Ruhestand zu gehen und sich auf geringe Ersparnisse oder eine (rasch sinkende) staatliche Rente zu verlassen. Sie sind gezwungen, ihre goldenen Jahre damit zu verbringen, mit chronischen finanziellen Problemen zu kämpfen. Hätten diese Menschen konsequent einen kleinen Teil ihres Einkommens für Investitionen beiseite gelegt, würden sie über ausreichende Mittel für einen angenehmen Ruhestand verfügen.

Die erste Sprosse auf dem Weg zum Reichtum ist das Sparen. Die Bedeutung des Sparens in der Schule des Vermögensaufbaus kann gar nicht hoch genug eingeschätzt werden. Der Schlüssel zum finanziellen Erfolg und zu einem wohlhabenden Ruhestand liegt darin, das auszugeben, was nach dem Sparen übrig bleibt - wohlhabende Menschen sparen zuerst und geben den Rest aus.

Viele gehen heutzutage verarmt in den Ruhestand, weil sie viel Geld ausgeben, anstatt zu sparen. Die Selbstbeteiligung ist das, was Sie aus Ihren Ersparnissen erhalten. Sie säen die Saat Ihrer Gewinne in die Zukunft, um Ihr finanzielles Wachstum zu sichern.

Denken Sie daran, dass Sie ungeachtet Ihrer Lebensleistung oder Ihres angehäuften Reichtums in bitterer Armut in den Ruhestand gehen können, wenn Sie keine Ersparnisse und Investitionen haben.

Ersparnisse sind ein sehr starker Indikator für Ihre Pläne. Wenn Sie nicht die Praxis des Sparens entwickeln, können Sie für den Rest Ihres Lebens in Armut leben. Es kommt nicht darauf an, wie viel Geld Sie verdienen, sondern was Sie behalten können.

Ihre Ersparnisse sorgen für Ihre Zukunft. Je mehr Sie sparen, desto größer ist Ihre Fähigkeit, finanzielle Unabhängigkeit zu erwerben und ein Leben in Freude und Überfluss zu führen. Schieben Sie das Sparen nicht auf, bis es günstig ist. Wenn Sie das tun, müssen Sie ewig warten.

Ohne Sparen ist es nicht einfach, Vermögen aufzubauen. Viele Menschen geben ihr Einkommen als Grund an, warum sie nicht sparen. In Wirklichkeit kommt es aber nicht auf Ihr Gehalt an, sondern auf Ihre Ersparnisse. Denn das, was Sie sparen, wird Ihr Seelenheil sein. Sparen sollte eine Voraussetzung für jeden sein, der wohlhabend in Rente gehen und in einer schwierigen Wirtschaftslage überleben will. Dennoch sind sie in der Armut gelandet, weil sie den Gedanken des Sparens nicht beachtet haben.

Ich bin mir sicher, dass Sie Zugang zu Menschen haben, die einst wohlhabend waren, jetzt aber in bitterer Armut leben. Sie leben mit Bedauern. Sie haben es versäumt, für die Zukunft zu sparen und zu investieren, so dass sie jetzt in Armut und Entbehrungen leben.

Heute sind wir allein dafür verantwortlich, einen Notgroschen anzuhäufen und dafür zu sorgen, dass wir im Ruhestand davon leben können. Dies kann eine beängstigende Aufgabe sein, die aber zu bewältigen ist, wenn man die Ruhestandsplanung richtig angeht. Je früher Sie mit dem Sparen beginnen, desto mehr können Sie anhäufen.

Wenn Sie vierzig Jahre lang 5.000 N pro Monat bei einer Rendite von 25 % pro Jahr sparen, können Sie 1,8 Milliarden N anhäufen. Die tatsächlichen Ersparnisse von 5.000 N pro Monat für vierzig Jahre belaufen sich auf 2.400.000 N. Wenn Sie schließlich zehn Jahre lang jeden Monat 25.000 N sparen, können Sie von insgesamt 3 Millionen N 11,2 Millionen N anhäufen.

DIE BESTEN SPARIDEEN ALLER ZEITEN.

Egal zu welchem Zeitpunkt in der Geschichte, bestimmte Strategien zum Geldsparen bleiben konstant, unabhängig von der Wirtschaftslage, den vorherrschenden Moden, der Arbeitslosigkeit oder den Zinssätzen. Einige von Ihnen werden mit diesen Konzepten vertraut sein, während andere sie vielleicht gar nicht kennen. Unabhängig davon, ob Sie mit diesen unglaublichen Geheimnissen vertraut sind oder nicht, wird es sich für Sie lohnen, sie in Ihrem Leben anzuwenden.

Die finanziellen Wunder, die sie für Sie bewirken werden, sind Ihnen gewiss. Ich fordere Sie auf, sie umzusetzen, denn jeder kann Ihr Leben verändern! Kleine Änderungen können zu enormen Ergebnissen führen. Wenn Sie also eine von elf verschiedenen Stellen hinzufügen, werden Sie bedeutende Ergebnisse erzielen. Eins plus eins ist gleich zwei.

Diese Liste zeigt Ihnen, wie Sie Ihr hart verdientes Geld auf einfache Art und Weise sparen können. Es gibt hier nichts, was nicht täglich durchgeführt werden kann.

1: Behalten Sie den Überblick über Ihre täglichen Ausgaben.

Albert Einstein sagte: "Man muss ein Genie sein, um das Offensichtliche zu erkennen". Er meinte damit, dass oft die einfachsten Dinge im Leben die wirkungsvollsten sind, aber weil sie so einfach sind, neigen wir dazu, sie zu ignorieren und nicht für uns zu nutzen.

Eine der einfachsten und zugleich effektivsten Strategien zum Geldverdienen ist es, den Überblick über Ihre täglichen Ausgaben zu behalten. Kaufen Sie sich ein kleines Notizbuch aus dem Supermarkt und nehmen Sie es überall mit hin, wo Sie hingehen. Notieren Sie jeden Dollar, den Sie ausgeben. So einfach ist das.

In nur wenigen Wochen wird sich Ihr finanzielles Leben auf magische Weise verändern, wenn Sie diese Schritte befolgen.

Die Aufzeichnung Ihrer Ausgaben auf Papier hat eine ungeheure Wirkung. Es macht die Geldströme in Ihrem Leben greifbarer und präziser. Es zeigt einfach und klar auf, wo und wofür Sie Ihr Geld ausgeben. Wenn Sie dies erkannt haben, wird es viel einfacher, Ihre Finanzen zu verwalten.

Viele Menschen, die diese Praxis übernommen haben, haben nicht nur etwas über sich selbst erfahren, was sie vorher nicht wussten, sondern sind oft schockiert. Wenn man sein Tagebuch analysiert, kann man feststellen, dass man im Laufe des Jahres etwa 2.000 Dollar für Softdrinks, Snacks und Süßigkeiten ausgegeben hat!

Ihr Jahresgehalt beträgt nur 25.000 Dollar, so dass sie erkannten, dass 8 % ihres Einkommens für etwas völlig Unnötiges vergeudet wurden. Die Person verzichtete auf Snacks und Getränke und stellte fest, dass sie im folgenden Jahr genug Geld für einen Urlaub hatte. Was würden Sie wählen, wenn Sie die Wahl zwischen Snacks und einer Reise hätten?

Die Idee ist, dass ihr tägliches Ausgabentagebuch ihnen geholfen hat, die nötige Perspektive und Klarheit zu gewinnen, um finanzielle Kontrolle zu erlangen. Ein einfaches Ausgabentagebuch gibt Ihnen die Kontrolle über Ihre Ausgaben und damit auch über Ihr finanzielles Leben. Vielleicht steht nichts anderes zwischen Ihnen und Ihrer finanziellen Freiheit als ein 75-Cent-Notizbuch und ein Kugelschreiber.

2: Keine Schulden mehr machen!

Wir alle kennen die Probleme, die Onkel Sam verursacht hat, indem er mehr Geld ausgab, als die Regierung einnahm. Dies wird als Schuldenmachen bezeichnet. Machen Sie sich keine Illusionen. Für Sie gelten die gleichen Regeln wie für alle anderen auch. Diese abscheulichen Plastikkarten mögen der "American Way" sein, aber sie sind furchterregend.

Heutzutage hat der durchschnittliche Kreditkartenschuldner Schulden in Höhe von 8.000 Dollar!

Wie viele von Ihnen wahrscheinlich wissen, ist das Anhäufen von Kreditkartenschulden ganz einfach. Das ist psychologisch bedingt. Wenn Sie einer Kassiererin eine Kreditkarte geben, ist das etwas anderes als wenn Sie jemandem einen Stapel grüner Dollar geben. Würden Sie eine Handvoll 10-Dollar-Scheine so mühelos aushändigen wie eine Kreditkarte? Wahrscheinlich nicht!

Kreditkarten bringen Menschen in Schulden und halten sie dort. Selbst für Menschen mit ausreichendem Einkommen ist es außerordentlich schwierig, Kreditkartenschulden zu tilgen. Machen Sie sich nichts vor: Kreditkartenschulden zehren an Ihrer Finanzkraft so schnell wie eine offene Ader an Ihrer Lebenskraft. Die Verwendung einer Kreditkarte aus freien Stücken kann schnell zu einer Notwendigkeit werden. Ist dieser Punkt erreicht, sind Sie bereits in Schwierigkeiten.

Es gibt keine geheime Methode, dem Kreditkartenspiel zu entkommen. Heute müssen Sie eine Schere in die Hand nehmen, Ihre Kreditkarten in zwei Hälften schneiden und sie nach und nach zurückzahlen. Zahlen Sie immer mehr als den geschuldeten Mindestbetrag, auch wenn es sich nur um 10 Dollar mehr handelt.

Sobald Sie keine weiteren Schulden mehr machen, summieren sich selbst die kleinsten Zahlungen mit der Zeit. Wenn Sie geduldig und diszipliniert sind, können Sie die Schulden überwinden. Nachdem Sie Ihre Karten gekündigt haben, müssen Sie sich an eine rigorose Umlagepolitik halten. Anstatt jetzt zu kaufen und später zu bezahlen, sollten Sie sparen und warten, bis Sie das gesamte Geld für einen Kauf haben.

Die Beendigung von Ausgaben auf Kreditbasis ist eine der wirksamsten Finanztechniken, die heute jedem zur Verfügung stehen. Warum nicht dieses Instrument akzeptieren und nutzen?

3: Verkaufen Sie Ihre Sachen.

Das ist wahr, und ein großer Hofverkauf ist längst überfällig. Durchsuchen Sie Ihr Haus oder Ihre Wohnung nach Gegenständen, die Sie auf einem Flohmarkt oder bei einem Hofverkauf verkaufen könnten, die Sie aber nicht brauchen.

Machen Sie eine Inventur. Die meisten Menschen sind fassungslos über ihre Besitztümer und die Menge an Geld, die sie für sinnlose Dinge verschwendet haben. Warum sollte man sie auf dem Dachboden verstauben lassen, wenn man dafür auf einem Sparkonto Zinsen verdienen kann?

Ein Flohmarkt ist eine wunderbare Möglichkeit, die Wohnung aufzuräumen und den Menschen einen psychologischen Schub zu geben, der ihnen hilft, die Kontrolle über ihr Leben und ihre Finanzen wiederzuerlangen. Sie können am Ende der Woche um 500, 1.000 oder sogar 3.000 Dollar reicher sein. Außerdem werden Sie das Gefühl haben, mit einem sauberen Haus neu anzufangen.

4. Ein Sparkonto mindert den Stress in Ihrem Leben.

Vor langer Zeit sagte Benjamin Franklin: "Ein gesparter Pfennig ist ein verdienter Pfennig". Ja, diese Aussage ist nach wie vor zutreffend und eine der effektivsten Strategien zum Geldverdienen in der Geschichte.

Franklins berühmte Bemerkung spielt auf die Schwierigkeiten des Sparens an. Es ist nicht leicht zu sparen und einfach, Geld auszugeben! Das ist Ihnen bewusst! Aus diesem Grund ist jeder gesparte Cent wirklich verdient, denn das Geld zu behalten, erfordert so viel Mühe! Aber wenn Sie es schaffen, wird es Ihr Leben verändern.

Stellen Sie sich vor, Sie sind mit Ihren Rechnungen im Rückstand und nicht im Vorsprung. Wenn Sie Ihre Rechnungen begleichen, gewinnen Sie die Kontrolle über Ihr gesamtes Leben. Sie schlafen nachts besser. Sie sind besser in der Lage, neue Strategien zu entwickeln, um mehr Geld zu verdienen und zu sparen. Sobald Sie anfangen zu sparen, verbreitet sich das wie ein Lauffeuer.

Hier sind einige Tipps zum Geldsparen:

Beschränken Sie sich nicht auf ein Girokonto mit Zinsen. Führen Sie ein Sparkonto, das schwieriger zu erreichen ist als ein Girokonto.

Verwahren Sie Ihre Ersparnisse in einer Bank, die nicht auf Ihrem üblichen Weg liegt oder vielleicht sogar in einer anderen Stadt. So kommen Sie nicht jedes Mal in Versuchung, das Konto zu benutzen, wenn Sie die Bank besuchen, um eine Einzahlung vorzunehmen.

Kaufen Sie kurzfristige Sparbriefe mit Laufzeiten zwischen sechs Monaten und einem Jahr. Auf diese Weise erhalten Sie einen höheren Zinssatz und können im Falle einer echten Krise weiterhin auf Ihr Geld zugreifen.

Sie sollten das Konto auf zwei Namen eröffnen und möglichst beide Unterschriften für Abhebungen verlangen. So können zwei Personen jede Abhebung besprechen und sich gegenseitig in Schach halten.

Sobald Sie Ihren Gehaltsscheck erhalten, zahlen Sie mindestens 5 Prozent auf Ihr Sparkonto ein. Sie werden erfreut sein, wie viel Sie bereits nach einem Jahr gespart haben, und sich dabei gut fühlen.

5. Visualisieren Sie jeden Tag Reichtum und Überfluss.

Empfehle ich Ihnen, eine Art von Woo-Woo-Mystik zu betreiben, um ein "Geldmagnet" zu werden ?

Vielleicht ja, vielleicht nein! Nennen Sie es ein Gedankenspiel, Mystizismus oder New-Age-Quatsch, aber die Realität ist, dass hinter jedem wohlhabenden Mann und jeder wohlhabenden Frau eine positive Einstellung zum Geld steht. Hier ist eine kurze Demonstration:

(1) Person A, mit einer schlechten Geldeinstellung, hat täglich folgende Gedanken: "Mein Gott! Es ist schwierig, 20 Dollar zu bekommen. Ich arbeite so hart und bekomme so wenig Lohn. Das Geld rinnt mir durch die Finger wie Wasser. Es ist unglaublich, wie viel Geld man in der modernen Welt verdienen muss, um zu überleben.

Mit meinem mageren Einkommen werde ich mir nie ein neues Auto leisten können, aber dieser Job ist trotzdem das Beste für mich. Manchen Menschen fällt es leicht, viel Geld zu verdienen, aber ich gehöre nicht zu diesen "ad infinitum".

(2) Person B, die eine positive Einstellung zum Geld hat, denkt jeden Tag wie folgt: "Wenn ich mich anstrenge, kann ich nächsten Monat eine

Gehaltserhöhung bekommen, und fünfzig Prozent des restlichen Verdienstes werde ich auf ein Sparkonto legen. Es gibt bestimmt hundert verschiedene Möglichkeiten, wie ich zusätzliches Geld verdienen kann.

Es ist gar nicht so schwer, Geld zu verdienen, wenn man hart arbeitet, seine Ausgaben kontrolliert und ein bisschen spart. Dieses Land hat genug Reichtum für alle, und ich kann einfach mein TEIL und mehr "ad infinitum" erhalten.

Nun gut. Wer wird Ihrer Meinung nach die größeren Erfolgschancen haben?

Person A bringt sich mit seinen Ideen selbst zu Fall, während Person B sich selbst eine Chance gibt.

Bedenken Sie, dass es keine Kosten verursacht, wenn Sie entweder negative oder positive Ideen haben. Warum also nicht positiv denken?

Es wurden zahlreiche Untersuchungen zu den kognitiven Prozessen und der Mentalität einiger der reichsten und erfolgreichsten Menschen der Welt durchgeführt. Sie alle hatten eine positive Einstellung zu Geld und ihrer Fähigkeit, es zu verdienen.

6. Folge deiner Leidenschaft, und das Geld wird zu dir kommen.

Ich glaube, es gibt ein Buch mit diesem Titel. Auf jeden Fall ist es wahr. Viele Menschen leben von Gehaltsscheck zu Gehaltsscheck und sind trotz harter Arbeit in ihrem Beruf arm, weil sie ihren Beruf nicht mögen.

Wenn Sie Ihren Job nicht mögen, werden Sie Geld negativ sehen. Jeden Morgen werden Sie Geld mit dem schrecklichen Geräusch des Weckers assoziieren. Sobald Sie Ihre Geld- und Einkommensquelle mit Plackerei in Verbindung bringen, wird die Plackerei den größten Teil Ihres Lebens beherrschen.

Sie sollten sofort damit beginnen, Ihre Flucht zu organisieren. Die erste Frage, die man sich stellen sollte, lautet: "Was würde ich tun, wenn Geld keine

Rolle spielen würde? Was macht mir am meisten Spaß und ist es möglich, dafür bezahlt zu werden?"

Hört sich das lächerlich an? Ist es aber nicht. Sie kämpfen gegen sich selbst, wenn Ihre Arbeit nicht Ihr Spiel ist. Sie werden irgendwann erschöpft sein und die Welt verachten.

Wenn Sie dagegen jeden Tag aufgeregt und optimistisch aufwachen und sich auf Ihre Arbeit freuen - und darauf, damit Geld zu verdienen -, werden Sie auf natürliche Weise mehr von dem tun, was Sie lieben, und mehr Geld damit verdienen.

Wenn Ihr Berufswunsch es erfordert, dass Sie Ihre eigene Firma gründen, lassen Sie sich davon nicht abschrecken! Es ist wesentlich einfacher, als die meisten Menschen glauben. Es könnte den Verlauf Ihres Lebens tiefgreifend verändern.

7. Sie müssen sich selbst organisieren

Organisiert und produktiv zu sein, hat mehr Einfluss auf Ihr Einkommen, als Sie sich vorstellen können. Sie können es sich nicht leisten, schlampig zu sein, wenn Sie wohlhabend sein wollen. Überlegen Sie sich die Sache genau. Stellen Sie sich vor, Sie sitzen an Ihrem Schreibtisch und versuchen, eine Arbeit zu erledigen. Sie müssen den Hefter finden, aber weil Ihr Büro so unordentlich ist, brauchen Sie dafür fünfzehn Minuten.

Sie haben soeben 15 unproduktive Minuten verbracht. Als Nächstes müssen Sie eine Akte finden, wofür Sie 20 Minuten lang Papier suchen müssen. Weitere 20 Minuten, in denen Sie fernsehen und nach Gegenständen suchen, können gegen Ende des Tages leicht zwei bis drei Stunden in Anspruch nehmen. Das Gleiche gilt für jede Art von Beschäftigung.

Wie viel Zeit verbringen Automechaniker mit der Suche nach einem neun-sechzehnten Schraubenschlüssel, wenn sie ihn gerade zur Hand haben könnten?

Desorganisierte Menschen beklagen sich am Ende des Tages ständig: "Ich habe so hart gearbeitet und doch so wenig geschafft!" Aber natürlich! Sie haben einen ganzen Tag mit der Suche nach Klebeband verbracht.

In Wirklichkeit ist Zeit gleich Geld. Je mehr Zeit Sie mit unproduktiven Tätigkeiten verbringen, desto weniger Zeit haben Sie, um Geld zu verdienen. Entrümpeln Sie Ihr Büro. Organisieren Sie den Geräteschuppen. Bringen Sie Ihren Papierkram in Ordnung. Betrachten Sie jede eingesparte Minute als einen Dollar in Ihrer Tasche.

8. Erstellen Sie täglich Ihre eigene Top-Ten-Liste.

Was die Organisation betrifft, so sollten Sie sich jeden Morgen mit einer Tasse Kaffee hinsetzen und die zehn wichtigsten Aufgaben auflisten, die Sie an diesem Tag erledigen wollen. Ordnen Sie diese dann nach ihrer Wichtigkeit. Beginnen Sie mit Punkt 1 und arbeiten Sie die Liste so schnell wie möglich ab.

Ohne Frage ist dies eine effektive Methode, um die Arbeit zu erledigen. Sie wird Ihnen riesige Geldsummen einbringen. Beim Geldverdienen geht es um Bewegung, und zwar um Vorwärtsmobilität. Der berühmten Schriftstellerin Ayn Rand zufolge ist das Wichtigste, was ein Mensch in einer kapitalistischen Gesellschaft tun kann, täglich voranzukommen!

Eine Liste mit Ihren zehn wichtigsten Prioritäten stellt sicher, dass Sie täglich etwas tun. Sie können nicht jeden Tag die gesamte Liste abarbeiten, und Sie sollten es auch nicht versuchen. Tun Sie einfach Ihr Bestes. Sie sollten in der Lage sein, mit Stolz auf Ihre Liste zu schauen, die gestrichenen Punkte zu begutachten und zu sagen: "Ich habe es geschafft!" "Das habe ich heute geschafft! Ich habe Maßnahmen ergriffen, um mein Leben zu verbessern und Wohlstand zu schaffen!"

Noch einmal: Die meisten der reichsten und erfolgreichsten Menschen der Geschichte haben diese Strategie angewandt. Sie sollten sich diesem Club anschließen.

9. Sie müssen sowohl kurz- als auch langfristige Ziele festlegen.

Wie kann man erwarten, irgendwo hinzukommen, wenn man nicht weiß, wohin man geht? Das ist eine einfache, aber wirksame Logik. Wenn Sie ein Ziel in der fernen Zukunft haben, das Ihr Ziel darstellt, kann es fast wie ein Magnet wirken, der Sie dorthin zieht.

Sich vernünftige, aber dennoch anspruchsvolle Ziele zu setzen, hat sich wiederholt als eine der wirksamsten Strategien erwiesen, um reich und erfolgreich zu werden. Sie hat sich in Schulungsprogrammen für Unternehmen bewährt. Sie wurde von unzähligen Menschen immer wieder mit Erfolg angewandt.

Das Setzen von kurzfristigen und langfristigen Zielen hat den Effekt, dass Sie Ihre Aufmerksamkeit mit einem Laser fokussieren. Es treibt Sie zu größeren und besseren Dingen an. Es verleiht dem, was Sie zu tun versuchen, Substanz und macht das, was Sie wollen, echter und wahrscheinlicher, dass es sich in Ihrem Leben manifestiert.

Wie Sie wahrscheinlich schon gehört haben, ist es am besten, Ihre kurz- und langfristigen Ziele aufzuschreiben und sie in Ihrem Büro und zu Hause aufzustellen. Jeden Morgen sollten Sie zunächst Ihre Liste der Ziele durchgehen und eine Top-10-Liste der Aufgaben erstellen, die Sie Ihren Zielen näher bringen. Jeden Abend, bevor Sie zu Bett gehen, sollten Sie Ihre kurz- und langfristigen Ziele überprüfen und sich vornehmen, alles zu tun, um sie zu verwirklichen.

Investieren Sie Ihr Geld und setzen Sie es ein, um sich selbst zu erweitern.

Wie bereits erwähnt, ist es wichtig, Geld auf einem Sparkonto zu halten, aber die von den meisten Banken angebotenen 2,3 % Zinsen reichen nicht aus, um mit der Inflation Schritt zu halten.

Sie müssen Ihr Geld nicht nur sparen, sondern es auch investieren. Dazu gehören Finanzinstrumente mit extrem hohen Renditen, wie Investmentfonds, Aktien und die riskanteren Rohstoffmärkte.

Eine Investition von 5.000 Dollar in Rohstoffe kann innerhalb weniger Wochen eine Rendite von 50.000 Dollar oder das Zehnfache der ursprünglichen Investition bringen. Allerdings ist es auch möglich, die gesamte Investition zu verlieren. Investieren Sie Ihr Geld in ein Zertifikat mit langer Laufzeit (CD). Sie sind zu 100 % sicher und bieten eine wesentlich höhere Rendite als herkömmliche Sparkonten. In der Regel können Sie ein solches Zertifikat mit einem Zinssatz von 4,5 bis 5 % erwerben.

Zusammenfassend lässt sich sagen, dass Sie einen bestimmten Prozentsatz Ihrer Mittel in renditestarke oder risikoreiche Anlagepläne investieren sollten. Auf diese Weise kommen Sie wirklich weiter. 11. herausragender Geld-Tipp Viel Spaß! Diesen Ratschlag habe ich in meine Liste aufgenommen, weil er für Ihren Erfolg unerlässlich ist.

Sie müssen Spaß haben, um optimistisch zu sein und optimistisch zu bleiben, was das Geldverdienen angeht. Also, beeilen Sie sich! Ausstieg: Lachen, klatschen und leben! Amüsieren Sie sich und kassieren Sie ab! Die Welt wartet auf dich! Genieße alles, was du tust, und du wirst Erfolg haben."

Ich hoffe, Sie haben viele neue Möglichkeiten entdeckt, Ihr hart verdientes Geld zu sparen und das Leben mehr zu genießen. Denken Sie daran, dass nichts, was in dieser Vier-TEIL-Serie vorgestellt wird, unmöglich ist. Wenn Sie diese Informationen gut nutzen, werden Sie garantiert davon profitieren und Wohlstand schaffen.

TEIL 2 – INVEST.

WAS IST EINE INVESTITION?

Die Unkenntnis der Spielregeln für Investitionen trägt zum Scheitern vieler Menschen bei, von denen einige furchtbare Leistungen erbringen. Es liegt auf der Hand, dass man ein Spiel nicht gewinnen kann, wenn man seine Regeln bricht. Allerdings muss man die Regeln erst einmal verstehen, bevor man sie nicht mehr brechen kann.

Ein weiterer Grund für das Scheitern von Anlegern ist, dass sie sich auf das Spiel einlassen, ohne seine Regeln zu verstehen. Es ist wichtig, die Bedeutung des Wortes "Investition" zu entschlüsseln.

Was ist eine Investition?

Eine Investition ist ein gewinnbringender Vermögenswert. Sie müssen jedes Wort in der

Definition sorgfältig beachten, da sie wesentlich sind, um die wahre Bedeutung von Investitionen zu verstehen.

Nach der Definition gibt es zwei wesentliche Merkmale einer Investition. Bevor ein Besitz, ein Gegenstand oder eine Immobilie als Investition betrachtet werden kann, muss sie beide Kriterien erfüllen. Andernfalls handelt es sich nicht um eine Investition.

Das erste Merkmal einer Investition besteht darin, dass sie wertvoll ist, d. h. etwas, das wichtig oder nützlich ist.

Daher ist jeder Besitz, jedes Eigentum oder jede Immobilie, die keinen Wert hat, keine Investition und kann auch keine sein. Nach dieser Definition ist ein wertloser, nutzloser oder unbedeutender Gegenstand, Besitz oder Vermögenswert keine Investition. Jede Investition hat einen Geldwert, der quantifiziert werden kann. Das heißt, jede Investition hat einen Geldwert.

Das zweite Merkmal einer Investition ist, dass sie einen Ertrag erwirtschaften und wertvoll sein muss.

Jede Investition hat die Fähigkeit, die Pflicht, die Verantwortung und die Rolle, Wohlstand zu schaffen. Das bedeutet, dass sie in der Lage sein muss, Einkommen für den Eigentümer zu generieren oder zumindest dazu beizutragen, Einkommen zu generieren. Dies ist eine unveränderliche Eigenschaft einer Investition.

Unabhängig davon, wie wertvoll oder unbezahlbar es sein mag, ist ein Besitz, ein Gegenstand oder eine Immobilie, der/die nicht in der Lage ist, seinem/ihrem Eigentümer ein Einkommen zu verschaffen oder ihn/sie zumindest dabei zu unterstützen, ein Einkommen zu erzielen, keine Investition und kann es auch nicht sein. Darüber hinaus ist jeder Gegenstand, der diese finanziellen Funktionen nicht erfüllen kann, keine Investition, unabhängig davon, wie teuer oder kostspielig er sein mag.

Sie sollten auch ein drittes Investitionsmerkmal in Betracht ziehen, das eng mit dem zweiten oben genannten Merkmal zusammenhängt. Dies hilft Ihnen ebenfalls bei der Entscheidung, ob ein Vermögenswert eine Investition ist.

Das dritte Merkmal einer Investition ist, dass eine Investition, die kein Einkommen schafft oder zur Einkommensgenerierung beiträgt, Geld spart.

Eine solche Investition erspart dem Eigentümer einige Ausgaben, die er ohne diese Investition getätigt hätte, kann jedoch keine Gewinne für den Anleger erwirtschaften. Auf diese Weise schafft die Investition Geld für den Eigentümer, wenn auch nicht streng genommen. Mit anderen Worten: Die Investition erzeugt Geld für den Eigentümer/Investor.

Damit eine Immobilie als Investition eingestuft werden kann, muss sie in der Lage sein, Erträge zu erwirtschaften oder Geld für den Eigentümer zu sparen, und sie muss darüber hinaus einen hohen

Nutzen und eine hohe Bedeutung haben. Es ist wichtig, das zweite Merkmal einer Investition zu betonen (d. h. eine Investition als einkommenserzeugend). Diese Behauptung beruht auf der Annahme, dass die meisten Menschen bei der Bestimmung, was eine Investition ist, nur den ersten Faktor bewerten.

Sie betrachten die Investition lediglich als einen Wert, auch wenn der Wert ein Einkommen verbraucht. Typischerweise hat ein solches Missverständnis langfristig schwerwiegende finanzielle Folgen. Solche Menschen machen oft kostspielige finanzielle Fehler, die sie ihr Leben lang ein Vermögen kosten.

Vielleicht liegt einer der Gründe für dieses Missverständnis darin, dass es in intellektuellen Kreisen toleriert wird. In konventionellen Bildungseinrichtungen und akademischen Veröffentlichungen beziehen sich Investitionen, die oft als Vermögenswerte bezeichnet werden, auf Waren oder Immobilien im Rahmen von Finanzstudien.

Daher betrachten Unternehmen alle ihre Juwelen und Besitztümer als Vermögenswerte, auch wenn sie kein Geld einbringen. Dieses Konzept des Investierens ist bei finanziell versierten Personen inakzeptabel, da es ungenau, trügerisch und irreführend ist.

Infolgedessen glauben einige Unternehmen fälschlicherweise, dass ihre Verbindlichkeiten ihre Vermögenswerte sind. Aus diesem Grund halten auch manche Privatpersonen ihre Verbindlichkeiten für ihre Vermögenswerte/Investitionen.

Leider sehen viele Menschen, vor allem finanzielle Analphabeten, unrentable Vermögenswerte, die ihren Lohn auffressen, als Investitionen an. Diese Personen nehmen ihre einkommensschaffenden Vermögenswerte in die Liste ihrer Investitionen auf. Diese Menschen sind finanzielle Analphabeten. Das ist der Grund, warum sie keine finanzielle Zukunft haben.

Was finanziell bewanderte Menschen als einkommensverzehrende Vermögenswerte betrachten, sehen finanzielle Analphabeten als Investitionen an. Dies verdeutlicht die Kluft in der Wahrnehmung, Logik und Mentalität zwischen finanziell bewanderten und unbewanderten Menschen. Finanziell intelligente Menschen haben eine finanzielle Zukunft, aber finanziell ungebildete Menschen nicht.

Die erste Frage, die Sie sich beim Investieren stellen sollten, lautet: "Wie wertvoll ist der Vermögenswert, den Sie mit Ihrem Geld erwerben möchten?" Je besser die Investition ist, desto höher ist der Wert (allerdings werden die Anschaffungskosten wahrscheinlich höher sein). Die zweite Überlegung lautet: "Wie viel Ertrag kann sie für Sie erwirtschaften?"

Wenn etwas wertvoll ist, aber keine Einnahmen bringt, dann ist es keine Investition (und kann es auch nicht sein) und kann kein Geld einbringen, wenn es nicht wertvoll ist. Wenn Sie nicht beide Fragen bejahen können, dann kann das, was Sie tun und erwerben, nicht als Investition betrachtet werden. Sie können bestenfalls eine Verbindlichkeit erwerben.

Einzelpersonen können für den Ruhestand, die Hochschulausbildung ihrer Kinder oder andere finanzielle Ziele sparen, indem sie ihr Geld anlegen. Bevor sie ihre erste Investition tätigen, müssen sich Neulinge die Zeit nehmen, ihre Ziele zu definieren und einige grundlegende Konzepte des Investierens zu lernen. Erfolgreiche Investitionen erfordern umfangreiche Recherchen, Engagement und Ausdauer.

In dem Maße, in dem Erstanleger durch Investitionen Einkommen erzielen, werden sie ein gewisses Maß an Fachwissen erwerben. Doch selbst die erfahrensten und kompetentesten Anleger sind mit einigen Gefahren konfrontiert. Einsteiger werden erfolgreicher sein, wenn sie einige grundlegende Investitionsfragen beantworten können.

Wie viel Kapital benötige ich für eine Investition?

Ein weit verbreiteter Irrglaube unter Anfängern ist, dass sie über ein großes Kapital verfügen müssen, um zu investieren. Viele Investitionen können bereits mit einigen Hundert oder sogar einigen Tausend Dollar getätigt werden.

Eine Möglichkeit, mit kleinen Beträgen zu investieren, ist die Nutzung von Programmen zur Wiederanlage von Dividenden oder der direkte Erwerb von Aktienoptionen. Die Anleger können in die Aktienoptionen eines Unternehmens investieren, indem sie eine bescheidene Startgebühr, in der Regel zwischen 25 und 50 Dollar, zahlen und eine Erstinvestition tätigen. Sobald sich das Geld angesammelt hat, kann der Anleger es auf ein Maklerkonto überweisen, wo er in größerem Umfang investieren kann.

WELCHE VERSCHIEDENEN FORMEN VON INVESTITIONEN GIBT ES?

Wenn Anleger zu dem Schluss kommen, dass sie über ausreichende Mittel für eine Investition verfügen, besteht der schwierigste Schritt oft darin, zu entscheiden, wo sie investieren sollen. Den Anlegern stehen viele Investitionsmöglichkeiten zur Verfügung; Investmentfonds, Anleihen, Futures und Immobilien gehören zu den gängigsten.

Fonds auf Gegenseitigkeit ermöglichen es jedem, zu investieren, ohne sich selbst um die Anlagen kümmern zu müssen. Anleger in Investmentfonds arbeiten mit einem professionellen Portfoliomanager zusammen. Dieser Manager investiert das von vielen verschiedenen Anlegern eingebrachte Geld auf dem Markt.

Die Mittel können in geschlossene oder offene Fonds investiert werden. Geschlossene Fonds vertreiben und verkaufen eine feste Anzahl von Anteilen an die Öffentlichkeit, während es bei offenen Fonds keine festgelegte Anzahl von Anteilen gibt.

Der Händler legt die Gelder des Anlegers in neue Anteile um. Die Anteile werden von einem professionellen Vermögensverwalter verwaltet, der darauf geschult ist, die Anlagen auszuwählen, die dem Anleger die höchsten Renditen bieten.

Börsengehandelte Fonds - ETF - sind Pools von Anlegerkapital, die ähnlich wie Investmentfonds angelegt werden. Da börsengehandelte Fonds jedoch bestimmte Indizes nachbilden sollen und ein großer Teil ihrer Verwaltung automatisiert ist, sind ihre Unterhaltskosten und Gebühren in der Regel wesentlich niedriger.

Wenn Anleger Anleihen kaufen, erwerben sie eine Beteiligung an einem Unternehmen oder einer Gesellschaft. Die Unternehmen geben Anleihen aus, bei denen es sich um Anlegerdarlehen handelt. Im Gegenzug verpflichtet sich das Unternehmen, dem Anleger in regelmäßigen Abständen Zinsen zurückzuzahlen.

Anleihen können eine relativ solide Anlagemöglichkeit sein. Sofern das Unternehmen nicht Konkurs anmeldet, ist es sehr sicher, dass der Anleger zumindest einen Mindestbetrag seiner Investition zurückerhält.

Diese regelmäßigen Zinszahlungen können als kontinuierliche Einkommensquelle für Ehepaare im Ruhestand und für diejenigen dienen, die eine Anlageform mit beständigen Erträgen suchen. Bestimmte Arten von Anleihen können steuerbefreite Zinserträge liefern.

Immobilien - Wenn der richtige Zeitpunkt gekommen ist, kann dies eine rentable Investition sein, die jedoch mit viel Arbeit verbunden ist. Die Investition in einen (REIT) oder Real Estate Investment Trust ist eine einfache Möglichkeit für Anleger, in die Immobilienbranche einzusteigen.

Die Anleger werden Miteigentümer der REIT-Investitionen, wie Einkaufszentren, Parkhäuser, Hotels und andere Immobilienprojekte. Da REITs keine Bundeseinkommenssteuer zahlen und im Gegenzug 90 Prozent oder mehr ihrer Gewinne als Dividenden an die Aktionäre ausschütten, zahlen sie oft erhebliche Bardividenden aus.

Der Kauf von Häusern, die Renovierung durch Reparaturen oder den Einbau von Annehmlichkeiten und der gewinnbringende Verkauf oder die Vermietung der Häuser an Mieter und die Erzielung eines monatlichen Einkommens durch Mietzahlungen sind weitere Möglichkeiten, durch Immobilieninvestitionen Einnahmen zu erzielen.

Futures - Der Futures-Handel ist der Marktplatz, auf dem Käufer weltweit Futures-Kontrakte kaufen und verkaufen. Futures-Kontrakte sind Vereinbarungen, ein Produkt zu einem bestimmten Preis zu einem zukünftigen Zeitpunkt zu erhalten.

Sobald der Preis vereinbart ist, ist er für das nächste Jahr festgeschrieben, unabhängig von Marktschwankungen. Rohstoffe, Währungen, Aktienindizes, Zinssätze und alternative Anlagen wie Wirtschaftsindikatoren sind typische Futures-Märkte. Die Vorteile und Risiken dieser Anlageform können erheblich sein. Daher sollten nur sehr erfahrene Anleger mit Futures handeln.

Soll ich meine Investitionen diversifizieren oder bei einer einzigen bleiben?

Nach Ansicht der meisten Finanzexperten ist die Diversifizierung der Eckpfeiler eines erfolgreichen Anlageportfolios. Durch die Streuung ihrer Anlagen verringern sie die Gefahr, dass sie ihr gesamtes Vermögen verlieren, wenn eine TEILikularinvestition scheitert.

Auch wenn es verlockend sein mag, sofort große Geldmengen zu investieren, sollten Neulinge die mögliche Rendite gegen die Risiken abwägen, denen sie sich auf dem Anlagemarkt aussetzen.

Inanspruchnahme der Dienste eines qualifizierten Anlageberaters.

Ein Anlageberater ist ein Finanzplaner, der gelegentlich bei allen finanziellen Angelegenheiten helfen kann. Ein professioneller Anlageberater kann Anfängern die grundlegenden Informationen bieten, die für die Zusammenstellung eines Portfolios erforderlich sind. Einige Anlageberater werden auf der Grundlage eines Anteils am Wert des verwalteten Vermögens entlohnt, während andere ein

Stundenhonorar berechnen oder auf Provisionsbasis entlohnt werden.

Der einfachste Weg für Anleger, diese Kosten zu vermeiden, besteht darin, Nachforschungen anzustellen und mit Investmentfonds oder börsengehandelten Fonds zu beginnen, die von vertrauenswürdigen Unternehmen angeboten werden.

WIE MAN ALS INVESTOR REICH WIRD.

Eine Investition lässt sich am besten so definieren, dass man Geld, Zeit und Mühe in ein Unternehmen oder eine andere Unternehmung investiert und sich davon eine Rendite verspricht. Dazu können unter anderem Immobilien, Investmentfonds, Aktien und Devisen gehören. Unabhängig von der Art der Investition gibt es Richtlinien und Anweisungen für die Erreichung des Ziels, die, wenn sie befolgt werden, zu einem viel besseren Erfolg führen.

Bevor man sich mit irgendeiner Art von Investition beschäftigt, unabhängig von der eigenen finanziellen Situation, ist es angesichts des hohen Risikos, das mit den meisten Investitionen verbunden ist, äußerst wichtig, sich mit den Regeln und Richtlinien vertraut zu machen, um zu vermeiden, dass man aufgrund eines Fehlers, der durch die Nichtbeachtung der Regeln verursacht wurde, zu einem Objekt des Mitleids wird.

Die Securities and Exchange Commission (SEC) der Vereinigten Staaten definiert eine Person als durchschnittlichen Anleger, wenn sie ein Jahreseinkommen von 200.000 Dollar oder mehr, 300.000 Dollar oder mehr als Paar oder ein Nettovermögen von 1 Million Dollar oder mehr hat.

Diese SEC-Vorschrift soll den durchschnittlichen Anleger vor einigen der schlechtesten und riskantesten Anlagen der Welt schützen. Diese Anforderungen an den Anleger schirmen den Durchschnittsanleger auch von einigen der weltbesten Anlagen ab, was einer der Hauptgründe dafür ist, dass man über dem normalen Anleger stehen muss.

Da Millionen von aufstrebenden Anlegern unter den Durchschnittsanleger fallen, wäre es ungerecht und deprimierend, ständig von durchschnittlichen und reichen Anlegern zu sprechen, ohne die armen Anleger zu erwähnen, wenn es um Investitionen geht. Schließlich haben sie beide bei Null angefangen.

Eine schrittweise Umwandlung, die sie zu dem gemacht hat, was sie heute sind. Wenn es Leben gibt, dann gibt es auch Hoffnung für den Durchschnittsmenschen und eine Fülle von Investitionsmöglichkeiten für die Zukunft.

Daher ist es für den armen Anleger sehr empfehlenswert, mit einem kleinen Betrag an verfügbarem Kapital zu beginnen, um mit Vorsicht, minimalem Aufwand, Zeit, Hoffnung, Glauben und Geduld seine Ziele zu erreichen.

Ein wesentlicher Aspekt des Investierens ist die Mentalität des Anlegers. Die geistige Fähigkeit, die anspruchsvollen Aufgaben zu bewältigen, die mit Investitionen verbunden sind. Nichts Lohnenswertes ist einfach im Leben! Bevor man sich auf die Reise macht, um zu investieren, muss man sich einige wichtige Fragen stellen. Diese Fragen sind:

- Bin ich wirklich entschlossen, eine Investition zu tätigen?

- Welche Art von Investition ist für mich geeignet?

- Wie viele Mittel brauche ich, um eine Investition zu tätigen?

- Soll ich allein oder gemeinsam mit anderen investieren?

- Wie hoch ist meine Risikotoleranz?

Wenn eine Person diese Fragen richtig beantwortet und trotzdem ihr Geld investieren möchte, ist sie für die nächste Stufe des Anlageerfolgs qualifiziert.

Welche Anlageform am besten zu einer Person passt, hängt ganz von den bereits vorhandenen Anlageformen ab - Immobilien, Investmentfonds, Aktien, Devisen usw. - der Menge an Kapital, die dem

Einzelnen zur Verfügung steht, und seinem TEILspezifischen Interesse an bestimmten Anlageformen. Anhand all dieser Informationen kann er die für ihn am besten geeignete Anlageform bestimmen.

Das Kapital sollte keine große Rolle spielen. Die Individualität und die Art der Investition bestimmen den Kapitalbedarf für die Gründung eines Unternehmens. Es gibt Anlagen, Aktien, in die man schon mit wenigen Cents investieren kann. Geld ist also fast bedeutungslos, wenn es um Penny Stocks geht, und sollte niemanden davon abhalten, sein Geld zu investieren.

Allein oder gemeinsam mit anderen zu investieren, ist eine ganz persönliche Entscheidung. Jede Investition ist ein Geschenk. Als Neuling ist es sehr empfehlenswert, gemeinsam zu investieren. In Anbetracht der Gefahren, die mit Investitionen verbunden sind, ist die Aufteilung des Gewinns unter den Anlegern im Verhältnis zu dem von jedem investierten Betrag ein idealer Ausgangspunkt.

Allerdings ist es auch von Vorteil, allein zu investieren.

Noch vorteilhafter ist es, wenn man die Gefahren von Einzelinvestitionen in Kauf nehmen kann. Die Gewinne aus einer Einzelinvestition werden nie mit jemand anderem geteilt als mit dem alleinigen Anleger, der sie vollständig behält. Die Entscheidung bleibt also dem Einzelnen überlassen, wobei er die Zweckmäßigkeit und die Bequemlichkeit berücksichtigt.

Auch wenn die meisten Anlagen mit einem erheblichen Risiko verbunden sind, sind die potenziellen Risiken umso größer, je höher der Kapitaleinsatz ist. Je nach Anlagestrategie sind die Renditechancen umso größer, je mehr Kapital eingesetzt wird. Es ist eine Frage des Verhältnisses. Die Möglichkeit, ein reicher, durchschnittlicher oder armer Anleger zu werden, liegt vor der eigenen Haustür.

Dies ist der letzte Schritt und führt zu einer größeren Anpassung der finanziellen Situation eines

Menschen auf der Grundlage seiner Risikotoleranz. Mit einem mutigen Schritt und der strikten Einhaltung der in diesem Abschnitt dargelegten Regeln und Leitlinien ist der Erfolg als Anleger sicher.

WIE SIE HEUTE MIT DEM GELD, DAS SIE DERZEIT AUSGEBEN, INVESTIEREN KÖNNEN.

Viele Menschen treten nach dem Schulabschluss in den Arbeitsmarkt ein und stürzen sich kopfüber ins Erwachsenenleben. Das Einkommen aus einem Job wird sofort für Verbindlichkeiten, Lebensmittel und Unterhaltung ausgegeben - alles lebensnotwendige und luxuriöse Dinge.

Dies wird gemeinhin als "Rattenrennen" bezeichnet. Jeder Monat ist derselbe: Einkommen wird eingenommen und ausgegeben. Wenn man einmal in der Falle sitzt, ist es extrem schwierig, aber nicht unmöglich zu entkommen.

Wie viel Geld Sie bei der Arbeit verdienen, hängt von Ihrer Fähigkeit ab, eine Aufgabe oder Funktion zu erfüllen, und von der Zeit, die Sie dafür aufwenden. Im Grunde handelt es sich um den Tausch von Zeit gegen Geld durch ein erlerntes Talent, aber das kann nicht ewig so weitergehen, oder? Was passiert, wenn man zu alt wird, um diese Arbeitsanforderungen zu erfüllen?

Leider dauert das bei manchen Menschen sehr lange. Wenn Menschen, die nicht in Dinge investieren, die ein Einkommen generieren, ob sie nun arbeiten oder nicht, nicht mehr arbeiten können, werden sie ihren derzeitigen Lebensstandard beibehalten.

Solange die meisten Menschen nicht einen Arbeitsplatz mit guten Sozialleistungen (einschließlich einer Rentenversicherung) haben, investieren sie ihr Geld nur selten. Das Geld wird so schnell geschaffen und ausgegeben, wie es verdient wird, und bietet einer Person das Lebensnotwendige und die Annehmlichkeiten des Lebens zu dieser Zeit - und mehr - aber nicht viel für eine glückliche Zukunft, wenn das Arbeitseinkommen wegfällt.

Irgendwann im Leben muss sich jeder mit der Tatsache auseinandersetzen, dass die Arbeit ihm nicht alles bieten wird, was er sich wünscht oder braucht, vor allem nicht im Ruhestand. Investieren ist etwas, das man idealerweise früh im Leben lernt.

Um die Bedeutung von Investitionen zu verstehen, muss man zunächst wissen, was Investitionen sind. Eine Investition ist ein einmaliges Mittel, um Einkommen zu erzielen. Diese Arbeit kann manchmal intensiv und zeitaufwendig sein, aber sie kann über viele Jahre hinweg Erträge bringen, ohne den gleichen Aufwand und die gleiche Zeit zu erfordern.

Wenn Sie umfangreiche Nachforschungen anstellen, um ein Haus zu Investitionszwecken zu erwerben, müssen Sie diese Untersuchung nur einmal durchführen. Sobald Sie eine Investition erworben haben, wird diese mit minimalem Aufwand Gewinne abwerfen.

Wenn Sie ein Buch schreiben und es auf einer Website zum Verkauf anbieten, brauchen Sie es nur einmal zu schreiben, und es wird so lange Einnahmen bringen, wie es im Internet oder in Buchhandlungen erhältlich ist. Wenn Sie die Aktien eines Unternehmens prüfen und die ideale Aktie auswählen, investieren Sie sie; Ihr Geld wird anfangen zu arbeiten und Geld zu verdienen, ohne dass Sie etwas dafür tun müssen.

Dies sind nur einfache Investitionsbeispiele, die etwas Aufwand erfordern. Wenn Sie wissen, was Sie tun, ist es viel einfacher, mit Investitionen Geld zu verdienen als mit einem Job. Der Unterschied zwischen einer Investition und einem Job liegt in der Zeit und dem Aufwand, der erforderlich ist, um Einkommen zu erzielen.

Das Tolle am Investieren am Aktienmarkt (sei es durch konventionelles Kaufen und Halten und Verkaufen, durch 401(k)-Investieren oder durch Optionen) ist, dass Sie, wenn Sie einmal die Grundlagen gelernt haben, einfach weitermachen können und Ihr Geld die schwere Arbeit machen lassen, während Sie Ihr Leben genießen.

Es gibt eine GROSSE Hürde, die jeder überwinden muss, bevor er investieren kann. Woher bekommen Sie das Geld, um in Ihr Unternehmen zu investieren? Wenn man in einem "Rattenrennen" lebt, ist man schließlich in einem unmöglichen Kreislauf gefangen, dem man nur sehr schwer entkommen kann.

Kein Grund zur Sorge! Sie haben Geld, Sie wissen es nur noch nicht.

Unabhängig von der Art der Investition, mit der Sie beginnen wollen, gibt es Möglichkeiten, durch einige Anpassungen Ihres Lebensstils "Geld" anzuhäufen. Es wird sich langsam aber sicher in etwas verwandeln, von dem Sie nicht glauben werden, dass es vorstellbar ist.

Ein "Round Up"-Sparkonto ist ein relativ schneller Weg, um Investitionsgelder zu sammeln.

Mit diesem Konto können Sie auf der Grundlage Ihrer täglichen Ausgaben Geld sparen und ansammeln.

Sie verknüpfen Ihre Girokonten oder Kreditkarten mit Ihrem Round Up-Konto, und bei jeder Transaktion rundet dieses Konto auf den nächsten Dollar auf. Kein großer Aufwand, oder? Dieses Anlagekonto kümmert sich um den Rest. Es legt die Differenz auf einer Investitionsplattform an, die das Wachstum Ihres Geldes beschleunigt.

Wenn Sie zum Beispiel 20,57 $ für einen Artikel bezahlt haben, wird der Gesamtbetrag auf 21,00 $ aufgerundet. Der aufgerundete Betrag, d. h. 0,43 $, wird auf Ihr Konto eingezahlt und je nach Ihren Kontoeinstellungen auf mehrere Aktien verteilt.

Wenn Sie pro Monat 50 Einkäufe von Ihrem Girokonto tätigen und jede Transaktion um durchschnittlich 0,35 $ aufrunden, sparen Sie in diesem Monat 17,50 $. Das ist eine Ersparnis von 210,00 $ pro Jahr durch das Aufrunden von Einkäufen.

Der Wert des auf diesem Aufrundungskonto angelegten Geldes schwankt mit dem Aktienmarkt. Bei einem Anstieg von 5 % pro Jahr erhöht sich der Preis um 10,50 $. Darüber hinaus generieren bestimmte Aktien, in die Ihr Geld investiert ist, Dividenden, die automatisch in Ihr Konto reinvestiert werden.

Das mag jetzt nicht viel erscheinen, aber es wird im Laufe der Zeit weiter wachsen. Es handelt sich um eine Anlage, die sich schnell vermehren kann, wenn Sie sie kontinuierlich aufstocken. Wenn Sie über zusätzliche Mittel verfügen, die Sie jeden Monat sparen möchten, können Sie weitere Einzahlungen auf Ihr Konto vornehmen, damit es noch schneller wächst.

Ein Round Up-Sparkonto ist lediglich ein Sprungbrett zu einer höheren Ebene des Investierens, wie z. B. Aktienhandel, Optionshandel, ein Rentenkonto, Immobilien oder alles andere, was Sie investieren können, um mehr Geld zu verdienen.

Sobald Sie ein ausreichendes Anlagekapital auf Ihrem Round Up-Konto angesammelt haben, können Sie es jederzeit abheben und für den Kauf von Vermögenswerten (Dinge, mit denen Sie Geld verdienen, im Gegensatz zu Verbindlichkeiten) oder für Investitionen in Aktien verwenden, um mit der Zeit noch mehr Geld zu verdienen.

TEIL 3 - SCHULDENFREI.

Der nächste wichtige Schritt in Ihrer Mentalität, Wohlstand zu schaffen, besteht darin, sich als schuldenfrei zu betrachten. Da Sie keinen Wohlstand aufbauen können, wenn Ihre Mittel durch Schulden aufgezehrt werden, könnten Ausgaben einer der Hauptgründe für Stress und Unzufriedenheit in Ihrem Leben sein, vor allem, wenn Ihre Schulden immer weiter steigen und Ihre Zahlungen nie zu enden scheinen.

Während Kredite die sofortige Freude vermitteln, nach der wir uns alle sehnen, berauben sie uns der Chance, echten, nachhaltigen Wohlstand aufzubauen, und wenn man sich einmal verschuldet hat, ist es in der Regel schwierig, wieder davon loszukommen. Es ist leicht, sich in Kreditkartenzinsen und Bearbeitungskosten zu vergraben, ganz zu schweigen von anderen Verbraucherkrediten!

Aber unabhängig davon, wie hoch Ihre Schulden sind, gibt es noch Hoffnung. Deshalb müssen Sie so schnell wie möglich schuldenfrei werden und jedes Kreditangebot kritisch prüfen. Ein weiterer wichtiger Schritt besteht darin, die monatlichen Kosten für Ihre Schulden zu ermitteln. So wissen Sie, wie viel Ihre Schulden monatlich an Zinsen und Gebühren kosten. Sie werden erstaunt sein, wie aufschlussreich diese kleine Tätigkeit ist.

Wenn Sie keine Schulden hätten, könnten Sie die Mittel nutzen, um im Laufe der Zeit ein Vermögen aufzubauen.

Daher ist es unerlässlich, dass Sie Ihre Schulden so schnell wie möglich abbauen. Eine der wirksamsten Methoden ist die Umsetzung eines Schuldenabbauplans, den Sie mit jedem Gehaltsscheck, den Sie erhalten, umsetzen wollen.

Außerdem wäre es von Vorteil, wenn Sie jemanden hätten, dem Sie Rechenschaft über Ihre Aktivitäten und Ihre Strategie zum Schuldenabbau ablegen könnten, z. B. einen vertrauenswürdigen Freund, der

Ihr Ziel, schuldenfrei zu werden, teilt, oder einen Finanzberater.

Und wenn Sie Kinder haben, sorgen Sie dafür, dass diese von Ihrem Handeln erfahren, damit Sie ihnen als Vorbild dienen können. Normalerweise ahmen Kinder ihre Eltern nach. Daher wäre dies ein hervorragender Zeitpunkt, um sie über die nachteiligen Auswirkungen von Schulden auf den Vermögensaufbau aufzuklären. Darüber hinaus ist das Taking Control of Your Money Workbook eine wertvolle Ressource.

Zweifellos bringt das Ausgeben von Geld Aufregung und ein emotionales Hochgefühl mit sich. Dennoch sollten Sie nie vergessen, dass jeder Dollar, den Sie ausgeben, Ihre finanzielle Zukunft und Ihren Vermögensaufbau gefährden kann, anstatt ihn zu fördern.

Daher sollten Sie versuchen, aus jedem ausgegebenen Dollar den größtmöglichen Nutzen zu ziehen. Denn wenn Sie auf Ihre Dollars aufpassen, werden die Zehner und Zwanziger auf sich selbst aufpassen. Wenn Sie darüber nachdenken, gibt es nichts Schädlicheres für Ihr finanzielles Leben als Schulden. Schulden rauben Ihnen Ihr hart verdientes Geld von heute und den Wohlstand, den Sie morgen anhäufen können.

Leider sind Sie nicht allein, wenn Sie glauben, dass es schwierig ist, ohne Schulden zu leben; wir leben in einer Gesellschaft, in der Schulden erwartet werden und als unvermeidlich gelten, aber haben Sie sich jemals vorgestellt, wie das Leben ohne Schulden wäre?

Am Ende des Monats zur Post gehen zu können, ohne Angst zu haben, dass Schulden auf Sie warten! Oder die Möglichkeit, ans Telefon zu gehen, ohne sich Gedanken darüber machen zu müssen, wer am anderen Ende der Leitung sitzt.

Während andere vielleicht glauben, dass ein schuldenfreies Leben ein Mythos ist und dass es akzeptabel ist, finanziell gestresst zu sein, wäre es nicht erstaunlich, wenn dies nicht Ihre Norm wäre? Wie die Aussätzigen in 2. Könige 7 können Sie jetzt beschließen, dass Sie den gegenwärtigen Status quo nicht weiter akzeptieren und stattdessen etwas Radikales tun werden: schuldenfrei werden.

Sie werden die Veränderungen in jedem TEIL Ihres Lebens als Ergebnis dieser einen Veränderung spüren:

- Ohne Verbraucherschulden ist das Leben aus finanzieller Sicht wesentlich einfacher.
- Sie werden sich emotional erleichtert fühlen, weil eine sehr große Last von Ihren Schultern genommen wurde.
- Auch körperlich ist es gesünder, schuldenfrei zu sein, denn seelische Anspannung zeigt sich oft in körperlichen Beschwerden.
- Es wird einfacher sein, Gottes Plan für Ihr Leben zu folgen, wenn Sie keine Konsumschulden haben.
- Ohne Konsumschulden haben Sie enorme Flexibilität.

Haben Sie jemals über die Definition des Wortes "verbrauchen" nachgedacht? Es bedeutet "vollständig verbrauchen" oder "abreißen". Konsumschulden sind alle Schulden, die für Produkte aufgenommen wurden, die im Laufe der Zeit an Wert verlieren, wie Kreditkarten-, Möbel-, Reise-, Bekleidungs- und Autoschulden.

Auch wenn Ihre Hypothek jetzt nicht aufgeführt ist, können Sie diese Schulden abbauen, sobald Sie diese anderen Zahlungen nicht mehr leisten müssen.

Bleiben Sie aber weiterhin ein Verbraucher. Sie werden nie in der Lage sein, finanzielle Unabhängigkeit zu erlangen, denn "schuldenfrei" zu leben ist einer der wichtigsten Schritte auf dem Weg zu einem umsichtigen Umgang mit Geld und der schnellste Weg zum Aufbau von Vermögen.

Die gute Nachricht ist, dass es möglich ist, diese Schulden loszuwerden! Und wenn Sie einmal schuldenfrei sind, ist es möglich, für den Rest Ihres Lebens schuldenfrei zu bleiben. Wie viel Zeit und Arbeit dafür erforderlich ist, hängt jedoch von der Höhe Ihrer Schulden ab.

Wie bei jeder anderen Gewohnheit ist es auch bei der Schuldenfreiheit erforderlich, bestimmte Verhaltensweisen und kognitive Fähigkeiten zu ändern. Das ist wichtig, denn es kommt nur allzu oft vor, dass Menschen, die einen Weg finden, schnell aus den Schulden herauszukommen, am Ende wieder Schulden machen, weil sich zwar ihre finanzielle Situation, nicht aber ihre Werte geändert haben. Denken Sie daran, dass es einige Zeit dauern wird, und dass Revisionen notwendig sein werden.

Da Sie eine Veränderung in Erwägung ziehen, warum wollen Sie Ihre Schulden loswerden? Was ist Ihr Beweggrund? Seien Sie sich immer bewusst, warum Sie eine Veränderung vornehmen, denn dies wird Ihnen in schwierigen Momenten als Inspiration dienen.

Welche finanziellen Ziele möchten Sie erreichen, sobald Sie schuldenfrei sind?

Verfügen Sie über ausreichende Mittel, um sich abzusichern? (Geld für unvorhergesehene Ereignisse im Leben, wie Krankheit, Probleme mit dem Auto und Instandhaltung des Hauses.

Würden Sie lieber für ein Auto oder eine Anzahlung für ein Haus sparen?

Welche religiöse oder gemeinnützige Einrichtung würden Sie gerne unterstützen?

Behalten Sie diese Motive und Ziele im Hinterkopf, denn wenn Sie sich an Ihre Ziele erinnern, können Sie besser auf Kurs bleiben.

Und schließlich: Ist Ihnen klar, wie Sie sich verschulden?

Die Antwort auf diese Frage ist wichtig, denn sie ermöglicht es Ihnen, die Ursache Ihrer Schulden zu verstehen. In der Regel sind Scheidung, geschäftlicher Misserfolg oder einfach ein Leben über meine Verhältnisse die Ursachen für meine Schulden. Auch Arbeitslosigkeit, medizinische Probleme usw. können Ihre Schulden verursacht haben.

Jetzt, da Sie wissen, wie Sie in die Schulden geraten sind, müssen Sie sich entscheiden, warum Sie aus den Schulden herauskommen wollen und was Sie tun werden, wenn Sie es tun. Hier sind neun Strategien, wie Sie sich dauerhaft von Verbraucherschulden befreien können.

Eine Zusage machen.

Schreiben Sie Ihr Versprechen auf. Ein Versprechen zu geben, hat etwas sehr Starkes an sich. Wenn Sie ein Versprechen gegeben haben, müssen Sie es schriftlich festhalten, unterschreiben und datieren. Gehen Sie dann noch einen Schritt weiter, indem Sie es mit einem vertrauenswürdigen Freund oder engen Verwandten teilen und ihn bitten, Ihnen zu helfen, Ihr schuldenfreies Ziel zu erreichen.

Ermitteln Sie, wo Sie derzeit stehen.

Sie müssen genau wissen, wo Sie stehen und wie viel Sie schulden, um Ihr Ziel zu erreichen. Geben Sie den geschuldeten Gesamtbetrag, die monatliche

Mindestzahlung und den Zinssatz jedes Gläubigers an.

Prioritäten setzen.

Ordnen Sie Ihre Schulden nach Priorität, indem Sie dem niedrigsten Saldo eine 1 zuweisen, dem nächsthöheren eine 2 und so weiter. Bei Krediten mit vergleichbaren Beträgen sollte der höhere Zinssatz vorrangig behandelt werden.

Einen Ausgabenplan aufstellen.

The key to eliminating debt is making payments above the minimum required. Your spending plan and money management abilities will assist you in locating more funds to apply to your debt.

Tun Sie es einfach.

Hören Sie auf zu reden und fangen Sie an zu handeln. Denken Sie daran, dass Wissen keine Macht ist; nur die Anwendung von Informationen schafft

Macht! Zahlen Sie zuerst den kleinsten Kreditbetrag ab. Sobald dieser Kredit abbezahlt ist, legen Sie den gesamten Zahlungsbetrag auf die nächste Rechnung und die nächste, bis Sie schuldenfrei sind.

Weitermachen.

Sie werden auf Hindernisse stoßen, aber Sie sollten sich nicht von ihnen aufhalten lassen. Konzentrieren Sie sich auf Ihr Ziel und gehen Sie weiter vorwärts.

Sparen Sie etwas Geld.

Bevor Sie anfangen, sollten Sie mindestens die Lebenshaltungskosten für einen Monat auf dem Konto haben.

Sei ein guter Verwalter.

Gott wird Ihren Plan in die Tat umsetzen, wenn Sie Ihrer Verpflichtung gegenüber Ihrer örtlichen Gemeinde nachkommen.

Je früher Sie drastische Maßnahmen ergreifen und so schnell wie möglich schuldenfrei werden, desto mehr Zeit werden Sie haben, um ein wohlhabendes und angenehmes Leben zu führen!

WIE MAN DIE PSYCHOLOGIE DER SCHULDEN VERSTEHT UND AUS DEN SCHULDEN HERAUSKOMMT.

Jeder Vermögensaufbau und jeder Erfolg im Leben erfordert eine Strategie, sei es eine Anlagestrategie, eine Steuerstrategie, eine Finanzstrategie, eine Darlehensstrategie, eine Diversifizierungsstrategie oder eine Einkommensstrategie und vieles mehr. Dazu gehört natürlich auch eine Strategie zum Schuldenabbau.

Es gibt mehrere Möglichkeiten, dies von einem Schuldenabbauplan aus anzugehen; lassen Sie uns jetzt ein paar davon behandeln.

Wie man anfängt und was zu tun ist.

Für jeden Kredit, der zurückgezahlt werden muss, sind einige wesentliche Aufgaben zu erfüllen.

1. Finden Sie andere Geldflüsse, um mehr als den Mindestbetrag für eine Schuld zu zahlen. Nehmen Sie sich die Zeit, Ihren Finanzstatus zu bewerten und festzustellen, wohin und wie Ihr Geld fließt.

2. Rufen Sie Ihre Versorgungs-, Versicherungs-, Kommunikations- und Kreditunternehmen an und verhandeln Sie mit jedem von ihnen über einen besseren Preis. Sie werden erstaunt sein, wie oft Sie durch einfaches Nachfragen ein besseres Angebot erhalten können! Ein besseres Angebot kann in Form eines günstigeren Zinssatzes, einer längeren Zahlungsfrist, einer anderen Zahlungsmethode oder etwas anderem bestehen. Ermitteln Sie, was Sie idealerweise brauchen, um Ihre Schulden zu tilgen, schreiben Sie es auf und fragen Sie danach.

3. Legen Sie eine Reihenfolge für die Rückzahlung der Schulden fest - ich werde dies im Folgenden näher erläutern.

Ihr Schuldenrückzahlungsrang.

Kümmern Sie sich um das Unmittelbare.

Es liegt auf der Hand, dass bestimmte Schulden dringender sind als andere; wenn Sie von Inkassobüros verfolgt werden, hilft es nicht, die Rechnung zu ignorieren und zu hoffen, dass sie verschwindet. Es liegt auf der Hand, dass Sie sich zuerst um diese kümmern müssen, während Sie sich um die anderen kümmern, um eine Anhäufung von Schulden zu vermeiden, Ihre Kreditwürdigkeit zu bewahren und vor allem Ihren Verstand zu bewahren.

Wir enden in einem ständigen reaktiven Zustand, der uns dazu zwingt, uns ständig auf das Löschen von Bränden zu konzentrieren, anstatt uns um die wichtigsten Aspekte unseres Lebens zu kümmern, und das ist keine angenehme Erfahrung.

Nehmen Sie sich vor, die dringlichsten Rechnungen zuerst zu begleichen, oder noch besser, rufen Sie Ihren Gläubiger an und verhandeln Sie die Bedingungen für die Schulden so, dass sie "nicht dringlich" sind, so dass Sie anschließend alle Verpflichtungen gleichermaßen erfüllen können.

4. Die höchste Priorität zuerst.

Aus rein finanzieller Sicht ist es immer ratsam, die Schulden mit dem höchsten Zinssatz zuerst zu tilgen, da Sie hier das meiste Geld sparen können. Beginnen Sie mit der Schuld mit dem höchsten Zinssatz, zahlen Sie bei allen anderen Rechnungen das absolute Minimum und konzentrieren Sie sich zuerst auf diese, weil sie am teuersten sind.

Setzen Sie Ihre kleinste Schuld zuerst auf die Prioritäten, um Ihre Gedanken zu befreien.

Ich habe bereits erwähnt, dass die Konzentration auf die Schulden mit dem höchsten Zinssatz der effektivste Finanzplan zum Schuldenabbau ist. Es gibt jedoch auch eine psychologische Komponente, die sich ebenso stark auf Ihre Fähigkeit auswirken kann, Ihre Schulden vollständig abzubauen, insbesondere wenn Sie mehrere Schulden und eine große Menge davon haben; es kann sich wie eine unmögliche und unerreichbare Aufgabe anfühlen und uns in einen Zustand der Hilflosigkeit versetzen, was kein sehr einfallsreicher Zustand ist.

Daher ist neben der finanziellen Strategie zum Schuldenabbau auch der psychologische Zustand, in dem Sie sich befinden müssen, von wesentlicher Bedeutung. Sie erhalten einen Impuls, wenn Sie bei der Tilgung Ihrer Verbindlichkeiten Prioritäten setzen, und zwar von der niedrigsten zur höchsten Summe. Wenn Sie beginnen, verschiedene Schulden zu streichen, können Sie den greifbaren Nutzen und Erfolg Ihres Plans beobachten.

Schwung ist eine sehr starke Kraft. Fortschritt erzeugt Schwung, Schwung steigert das Engagement, und wenn Sie in Schwung kommen, geht alles plötzlich schneller. Ihre Schulden werden weniger zu einer Last und mehr zu einer Aufgabe, die es zu bewältigen gilt, und Sie gewinnen das Vertrauen, dass Sie Ihre Ziele erreichen können. Sobald die Schulden abbezahlt sind, sollten Sie diesen Schwung nutzen, um in Zukunft Wohlstand zu schaffen.

Welchen Auftrag Sie wählen, hängt stark davon ab, wer Sie sind und wie gut Sie Ihre Persönlichkeit, Ihre Motivation und Ihr Engagement verstehen. Die Arbeit mit Hunderten von Kunden, die ihre Schulden abgebaut und den Weg zum Wohlstand eingeschlagen haben, hat mir gezeigt, dass beides gleichermaßen effektiv ist.

5. Schneeflocke es.

Dies ist eine einfache, aber sehr erfolgreiche Idee. Wir konzentrieren uns darauf, nur minimale Zahlungen für die meisten Ihrer Rechnungen zu leisten und uns auf eine einzige zu konzentrieren. Sobald der erste Kredit abbezahlt ist, müssen Sie die Mindestzahlung, die Sie bisher geleistet haben, sowie alle anderen Mittel, die Sie verpfändet hatten, nehmen und sich auf Ihre zweite vorrangige Rechnung konzentrieren.

Sobald diese abbezahlt ist, wenden Sie alles von den ersten beiden Schulden plus alle zusätzlichen Mittel auf die dritte Schuld an, bis alle Schulden abbezahlt sind. Da Sie Ihre Mindestzahlungen immer weiter nach unten verschieben, entsteht ein Schneeballeffekt, der Ihren Kontostand rasch verringert.

Sie finden auch Zeit, Ihre Finanzen in die Hand zu nehmen interessant.

1. Behandeln Sie Ihre Finanzen wie ein Unternehmen.

Nachdem Sie diese Schritte durchgeführt haben, müssen Sie sicherstellen, dass Sie nie wieder in die Schuldenfalle geraten und, was noch wichtiger ist, dass Sie zu Wohlstand kommen. Leider kümmern sich die meisten Menschen erst dann um ihre Finanzen, wenn es Rechnungen zu bezahlen gibt, wenn sie in Not sind oder wenn sie hohe Schulden haben.

Hätten Sie jedoch von Anfang an Zeit damit verbracht, Ihre Finanzen auf eigene Faust zu verwalten, wären Sie wahrscheinlich gar nicht erst in diese Situation geraten. Beginnen Sie sofort mit einem proaktiven Finanzmanagement und führen Sie Ihr finanzielles Leben wie ein Unternehmen; Rentabilität ist der Eckpfeiler eines jeden erfolgreichen Unternehmens.

Stellen Sie fest, wo Sie jetzt stehen. Erstellen Sie eine Gewinn- und Verlustrechnung und eine Bilanz für Ihr Leben. Wie hoch sind Ihre Schulden? Welche Ressourcen? Wie hoch ist Ihr ein- und ausgehender Cashflow? Stellen Sie ein Budget auf, das Ihnen einen wöchentlichen Gewinn ermöglicht.

2. Verfolgen Sie Ihre Ausgaben ein paar Wochen lang (am besten vier), besorgen Sie sich einen kleinen Notizblock und tragen Sie ihn überallhin mit, laden Sie sich einige intelligente mobile Anwendungen herunter oder verknüpfen Sie einen Ausgaben-Tracker mit Ihren Bankkonten. Es sind einige bemerkenswerte Tools verfügbar.

Das verschafft Ihnen große Klarheit über Ihre derzeitige finanzielle Situation und darüber, wohin Ihr Geld fließt, und Sie werden jedes Mal zur Rechenschaft gezogen, wenn Sie Ihre Brieftasche oder Ihr Portemonnaie zücken, um Geld auszugeben. Sie werden anfangen, jeden Kauf zu überdenken.

3. Bestimmen Sie Ihr angestrebtes Ziel. Wenn Sie ein klares Ziel vor Augen haben und wissen, warum Sie in Ihrem Leben Wohlstand aufbauen wollen, ist Ihr Engagement, Ihrer Mission und Ihren Zielen treu zu bleiben, extrem stark.

4. Entwickeln Sie einen Finanz- und Investitionsplan – Beginnen Sie damit, Ihre uneinbringlichen Schulden abzubauen, und entwickeln Sie einen Plan für den Aufbau von Vermögen und die Investition in Wachstumswerte. Holen Sie sich einen Coach, wenn Sie unsicher sind, wie Sie vorgehen sollen, jemanden, der Ihnen die richtige Richtung weisen kann. Wenn Sie den richtigen Coach engagieren, sollten Sie eine wesentlich bessere Rendite erzielen als die Kosten für die Einstellung dieser Person.

5. Auch ein Finanzplaner ist nicht unbedingt ein kompetenter Coach oder hat selbst schon einmal ein Vermögen angehäuft, glaubt aber, dass er es trotzdem vermitteln kann. Konzentrieren Sie sich auf Ergebnisse, nicht auf Qualifikationen. Qualifikationen

sind einfach, aber Ergebnisse sind äußerst ungewöhnlich.

6. Wenn Sie ein Ausgabenproblem haben, kleben Sie Post-it-Zettel mit der Frage "Brauchen Sie das?" auf Ihre Kreditkarte. Geben Sie sich wöchentlich ein Taschengeld und lassen Sie Ihre Kreditkarten zu Hause. Ziel ist es, sich auf mögliche Hindernisse vorzubereiten und ehrlich über Ihre Stärken und Grenzen zu sein, um Gegenmaßnahmen zu ergreifen.

7. Planen Sie regelmäßige Überprüfungssitzungen. Eine der wirkungsvollsten Gewohnheiten, die Sie sich aneignen können, ist ein Wohlstandsabend, an dem Sie sich einmal pro Woche Zeit nehmen, um Ihr Geld gezielt zu verwalten und Ihre Ergebnisse zu überprüfen. Das Feedback vieler Kunden, denen ich diese Gewohnheit vermittelt habe, ist, dass sie zum ersten Mal das Gefühl haben, die Kontrolle über ihre Finanzen zu haben, anstatt sich ständig ihrem Geld ausgeliefert zu fühlen.

UNEINBRINGLICHE FORDERUNGEN KÖNNEN IHR VERMÖGEN RUINIEREN.

Schlechte Schulden können Sie fesseln und Ihre Bemühungen, Reichtum aufzubauen, aufhalten. Einer der häufigsten Fehler, den Immobilieninvestoren machen, ist die Aufnahme von zu vielen uneinbringlichen Schulden - denken Sie daran, dass es sich dabei um Schulden handelt, die kein Einkommen generieren oder deren Zinsen nicht steuerlich absetzbar sind!

Wenn Sie einen neuen Kredit für den Kauf einer als Finanzinvestition gehaltenen Immobilie beantragen, wird der Betrag Ihres Einkommens, der für die Bedienung Ihrer uneinbringlichen Schulden erforderlich ist, von Ihrem Gesamteinkommen abgezogen, das dann zur Bestimmung der Kredithöhe herangezogen wird.

Ihre Kreditaufnahmekapazität wird durch Ihre uneinbringlichen Forderungen verringert; der genaue Betrag hängt davon ab, wie hoch Ihre uneinbringlichen Forderungen sind. Die meisten Menschen sind sich nicht bewusst, wie sehr sich schlechte Schulden auf ihre Kreditfähigkeit auswirken können.

Wie können Sie von einem Kreditgeber erwarten, dass er Ihnen Geld für eine Anlageimmobilie vorschießt, wenn Ihr einziges Vermögen aus Kreditkartenrechnungen, Privatkrediten und einer hohen Hypothek auf Ihr Haus besteht?

Ich kann nicht immer nachvollziehen, wie Menschen Kredite bis zu ihrem Kreditlimit aufnehmen können, um ihre Immobilie zu überkapitalisieren, so dass nur wenig für die Zukunft übrig bleibt. Sie schöpfen ihre faulen Kredite aus, leisten monatliche Mindestzahlungen und wundern sich dann, dass die Banken ihnen kein zusätzliches Geld für den Kauf einer Anlageimmobilie geben wollen!

Ich bin mir bewusst, dass wir in einer Welt aufgewachsen sind, in der das Aufnehmen von Geld, insbesondere von schlechten Schulden, eine akzeptierte Praxis ist, und es scheint, dass diese

Mentalität von Generation zu Generation weitergegeben wird. Diese Mentalität hat viele Programme für uneinbringliche Kredite hervorgebracht, die es dem Einzelnen ermöglichen, bis zu vier Jahre lang zins- und tilgungsfrei zu leihen.

Statistiken zeigen, dass die meisten Menschen nicht bis zum Fälligkeitsdatum zahlen und dadurch exorbitante Zinssätze zu zahlen haben. Wenn Sie sich vorstellen, in jungen Jahren in den Ruhestand zu gehen, im Liegestuhl zu liegen, das Leben zu genießen und Golf zu spielen, sollten Sie die uneinbringlichen Forderungen aus Ihren Investitionsrechnungen herausnehmen.

Die Begleichung uneinbringlicher Forderungen ist ein einfacher Ansatz, der jedem beigebracht werden sollte. Je höher Ihre uneinbringlichen Forderungen sind, desto mehr müssen Sie arbeiten, um sie zu tilgen. Wenn Sie weniger uneinbringliche Forderungen haben, sind Sie weniger gezwungen, mehr zu verdienen.

IHRE STRATEGIE ZUM SCHULDENABBAU.

Zunächst müssen Sie einen Haushaltsplan aufstellen und ausfüllen, um festzustellen, wie viel zusätzliches Geld Sie jede Woche für die Tilgung der uneinbringlichen Schulden bereitstellen können. Sie müssen die monatlichen Zahlungen für alle Ihre Kredite fortsetzen, während Sie den Saldo eines Kredits abtragen.

Ein grundlegendes Szenario:

- Privatkredit: 190,00 $ monatliche Zahlung
- Kreditkarte: monatlich $280,00
- Kredit für ein Boot: $310.00 monatlich
- Auto-Darlehen: $750.00 monatlich.

Der Plan besteht darin, Ihre kleinste uneinbringliche Forderung zu nehmen und die monatliche Zahlung um mindestens 50 $ zu erhöhen. Sie zahlen also monatlich 240,00 $ für Ihren Kredit, bis er zurückgezahlt ist.

Dann stecken Sie die 240 Dollar, die Sie nicht mehr für Ihren Kredit ausgeben, in Ihre nächstkleinere schlechte Schuld, Ihre Kreditkarte. Ihr neuer Kreditkartenzahlungsbetrag beträgt nun 520,00 $.

Wenden Sie diese Methode auf jede überfällige Rechnung an, bis Sie SCHULDENFREI sind.

Die Verwaltung Ihrer Finanzen erfordert Disziplin, aber sie kann unglaublich lohnend sein.

Das Geheimnis eines früheren und wohlhabenderen Ruhestands liegt darin, keine schlechten Schulden zu haben, sondern nur gute Schulden. Gute Schulden bringen Geld ein und/oder ziehen steuerlich absetzbare Zinsen nach sich. Die ATO erlaubt es Ihnen, die Ausgaben für die Immobilie mit Ihrem eigenen Einkommen und den Einnahmen aus der als Finanzinvestition gehaltenen Immobilie zu verrechnen, so dass Sie tatsächlich weniger Steuern zahlen, als Sie normalerweise zahlen müssten.

Der zusätzliche Vorteil, der zu echtem Reichtum führt, ist der Kapitalzuwachs der Immobilie im Laufe der Zeit. Wenn man diese Methode wiederholt ausgleicht, sind die Ergebnisse einfach verblüffend.

Sie können den Wert von Wohneigentum durch Reparaturen, Unterteilung und andere wertsteigernde Maßnahmen erhöhen, was einer der Hauptvorteile ist. Außerdem können Sie durch Nachforschungen und Verhandlungen einen Preisnachlass erzielen.

Die meisten Immobilieninvestoren können sich die Zeit nicht leisten oder verfügen nicht über das nötige Wissen, um ihre Immobilien zu verwalten. Sie generieren ihr Einkommen aus anderen Quellen; Immobilien sind lediglich ein Vehikel, um ihr Einkommen aus anderen Quellen zu speichern und zu steigern. Es gibt viele Möglichkeiten, mit Immobilien schneller zu Geld zu kommen, aber es hängt von Ihrer Bereitschaft und Fähigkeit zu arbeiten ab.

Ein relativ kleiner Teil der Immobilieninvestoren arbeitet hart an ihren Immobilien; einige geben sogar ihre Karriere und ihr Unternehmen auf, um sich darauf zu konzentrieren.

Je nachdem, welcher Anlegertyp Sie sind, werden Sie Ihre Immobilien nach Ihren spezifischen Anforderungen bewerten.

Die Qualität einer Anlageimmobilie lässt sich daran messen, wie gut sie die Bedürfnisse des Anlegers zu einem bestimmten Zeitpunkt befriedigt; daher ist die Immobilienperformance eine subjektive Messung für den Anleger und hat für andere nur geringe Bedeutung.

Die Vermögensentwicklung ist weitgehend unabhängig von den äußeren Marktbedingungen, ein selbstgesteuerter Prozess. Die Menschen versuchen oft, niedrig zu kaufen und hoch zu verkaufen, aber die meisten von uns können dieses Timing niemals perfektionieren. Der optimale Zeitpunkt für einen Kauf ist immer dann, wenn Sie finanziell vorbereitet sind; es ist wichtiger, dass Sie vorbereitet sind, als dass andere für Sie vorbereitet sind.

UMWANDLUNG VON SCHULDEN IN VERMÖGEN.

Schritt 1 - Verschaffen Sie sich ein klares Bild von Ihrer aktuellen Situation.

Verunsichern Sie sich selbst. Wenn Sie die notwendigen Änderungen an Ihrer Finanzstruktur vornehmen wollen, müssen Sie sich extrem verunsichern lassen. Ich finde es toll, wie Tony Robbins darüber spricht. Er spricht über Gewichtsabnahme, aber er weist die Menschen an, sich auszuziehen, sich vor einen Spiegel zu stellen und ihren Hintern zu untersuchen.

Um dies zu erreichen, müssen Sie eine klare Vorstellung von Ihren Schulden haben. Schreiben Sie sie im Detail auf. Notieren Sie auf einem Blatt Papier alle Ihre Schulden, nicht nur die monatlichen Raten, sondern auch die Restbeträge. Wenn Sie ein Haus besitzen, können Sie es vorerst von der Liste streichen. Um das Haus können Sie sich später kümmern, denn es ist fast immer der teuerste Posten und wird zuletzt abbezahlt.

Schritt 2 - Beginnen Sie mit der Überwachung Ihrer Ausgaben.

Besorgen Sie sich einen Spiralnotizblock, den Sie immer bei sich tragen können. Notieren Sie JEDE Ausgabe, die Sie tätigen, JEDEN Dollar, den Sie ausgeben, ALLES! Auch hier müssen Sie feststellen, wo die Lecks sind, um Ihre Ausgaben zu korrigieren. Bei Menschen, die ein Ernährungstagebuch führen, ist die Wahrscheinlichkeit, dass sie während einer Diät abnehmen, um 77 % höher als bei Menschen, die dies nicht tun. Das Gleiche gilt für den Schuldenabbau. Führen Sie Ihr Tagebuch immer bei sich.

Ein weiterer mentaler Trick ist das Anlegen eines "Ist es das wert?"-Bogens. Diese sind nützlich, da sie die Kosten der aktuellen Ausgaben aufzeigen. Wenn Sie möchten, können Sie Ihr eigenes Blatt erstellen. Sie brauchen nur eine Liste von Produkten, die Sie gerne kaufen, deren Preise und den Wert dieses Geldes in einem Jahr, in fünf Jahren, in zehn Jahren und in fünfundzwanzig Jahren zusammenzustellen, wenn Sie es zu 8 bis 10 Prozent pro Jahr anlegen.

In zehn Jahren wird eine Tasse Kaffee bei Starbucks vielleicht Hunderte kosten, und eine Nacht in der Stadt könnte Sie 50.000 Dollar kosten. Ich kann zumindest eine fundierte Entscheidung treffen, wenn ich die Kosten kenne.

Schritt 3: Finden Sie einen verantwortlichen TEILhaber.

Es gibt keine bessere Möglichkeit, Ihren Erfolg zu steigern, als einen TEILhaber zu haben, der Sie zur Verantwortung zieht. Bitten Sie einen Freund oder eine Freundin, Ihre Zahlen zu analysieren und Ihr Tagebuch, Ihre Ausgaben usw. mit Ihnen zu besprechen, einmal pro Woche oder einmal im Monat (wöchentlich ist besser, aber das hängt von Ihrem Freund oder Ihrer Freundin ab).

Machen Sie Ihren Kindern klar, dass sie dafür verantwortlich sind, Sie zur Verantwortung zu ziehen, und dass sie schwierige Fragen stellen müssen, wenn Sie mehr ausgeben, als Sie sollten. Das ist der Zweck ihrer Anwesenheit. Wenn Sie Schwierigkeiten haben, sollten Sie nach den Ursachen suchen, nach

Strategien fragen, die Ihnen helfen, etwas zu erreichen, und Unterstützung bei der Einführung von Verfahren erhalten.

Schritt 4: Keine Kreditkarten mehr verwenden!

Sie haben gehört, dass sich die Verwendung einer Kreditkarte positiv auf Ihre Kreditwürdigkeit auswirkt. Ich wäre lieber schuldenfrei, kreditkartenfrei und hätte jeden Monat Tausende von Dollar auf dem Konto, so dass ich nie einen Kredit in Anspruch nehmen müsste! Macht es etwas aus, wenn Sie nie den gewünschten Wohlstand aufbauen können, aber eine ausgezeichnete Kreditwürdigkeit haben?

Wann immer es möglich ist, sollten Sie auf die Verwendung von Kreditkarten ganz verzichten. Wenn Sie Probleme haben, stecken Sie Ihre Karte in eine Plastiktüte, stellen Sie die Tüte in einen Pappbecher, füllen Sie den Becher mit Wasser und frieren Sie die Karte ein. Wenn Sie die Karte wirklich brauchen, müssen Sie sich anstrengen, um sie wiederzubekommen. Erhitzen Sie die Karte nicht in der Mikrowelle, um das Eis zu schmelzen; die Karte wird sonst beschädigt.

Schritt 5: Methoden finden, um zusätzliches Geld zu verdienen.

Mehr Geld wird den sofortigen Schuldenabbau erleichtern. Dies könnte durch den Verkauf von Gegenständen auf eBay, einen Garagenverkauf, das Einstellen von Gegenständen zum Verkauf auf Craigslist oder durch Online-Aktivitäten erreicht werden. Unabhängig davon, welche Methode Sie wählen, müssen Sie handeln. Ohne Handeln gibt es keine anderen Mittel.

Schritt 6: Zuerst den kleinsten Kredit tilgen.

Viele Menschen raten dazu, die Schulden mit dem höchsten Zinssatz zu tilgen. Ich bin der Meinung, dass jeder, der Schulden hat, zuerst ein Erfolgserlebnis haben muss! Selbst wenn es Sie weitere 10 bis 50 Dollar an Zinsen kostet, ist es wichtig, dass Sie ein Erfolgserlebnis haben, damit Sie Ihre Bemühungen fortsetzen.

Es gibt viele Möglichkeiten, dies zu erreichen. Einige sind wirksam. Andere sind lediglich eine Spielerei, die keine Erklärung liefert und Sie in einer schlechteren Position als zuvor zurücklässt! Diese sollten Sie auf jeden Fall vermeiden! Sie müssen jedoch handeln! Ich habe eine entdeckt, die alle anderen in Bezug auf Benutzerfreundlichkeit, Verständlichkeit und praktische Anwendung übertrifft.

TEIL 4 – PATIENCE.

WAS KOSTET ES SIE, GEDULD ZU ENTWICKELN?

Um die Wahrheit zu sagen, ist das eine ziemlich teure Lektion. Es wird viel Zeit und Mühe kosten, diese Fähigkeiten zu perfektionieren. Außerdem sind Konsequenz in den eigenen Handlungen und Hartnäckigkeit im Prozess der Entwicklung von Geduld unerlässlich.

Der Prozess des Erlernens von Geduld erfordert eine Menge Zeit, Arbeit und Energie. Größere Opfer bringen jedoch auch größere Belohnungen und Errungenschaften. Der Mensch sucht ständig nach sofortiger Befriedigung in allen Aspekten des Lebens: sofortige Gewinnpläne, sofortiges Geld und Instant-Nudeln. Unserer Ansicht nach sind wir ständig auf der Suche nach schneller Befriedigung.

Wir verkennen oft, dass die Entwicklung von Geduld den Erwerb wesentlicher Fähigkeiten und Kenntnisse voraussetzt, um unser Bewusstsein und unser Verständnis für uns selbst und andere zu erweitern. In Wirklichkeit ist alles, was es dazu braucht, Zeit und Geduld.

Nein, ich spreche nicht in Rätseln. Ich sage einfach die Wahrheit. Stellen Sie sich nur Folgendes vor. Wie kann man Geduld gewinnen, wenn man beim Lernen nicht geduldig ist?

Daher glaube ich, dass man, um die "Geheimnisse" der Geduld richtig zu erlernen, neue Einsichten und Kenntnisse über die Belohnungen erhalten muss, die eine ausgezeichnete Geduld bieten kann.

Sie haben zweifellos schon gehört, dass Geduld eine Tugend ist. Ja, wenn man sie unter dem richtigen Blickwinkel betrachtet. Insgesamt sollte man Geduld nie als Ausrede für einen Aufschub oder als "Grund" für ein "Warten auf den richtigen Zeitpunkt" benutzen.

Der Satz "Geduld ist eine Tugend" ist also in großem Umfang falsch angewandt worden, vor allem von Zauderern. Es wurde als das Zitat des faulen Mannes bezeichnet. Geduld bleibt eine Tugend und wird auch weiterhin eine Tugend bleiben. Man muss nur die richtige Einstellung und das Bewusstsein für Geduld mitbringen.

Mit einer positiven Einstellung und einem Verständnis für die Vorteile der Geduld sind Sie viel besser in der Lage, sich Geduld anzueignen. Geduld zu lernen ist notwendig für den Erfolg, wie die meisten erfolgreichen Menschen predigen.

Mit Geduld lernt man, den Prozess und die Reise zu schätzen, anstatt sich nur auf das Ergebnis zu konzentrieren. Entgegen einer weit verbreiteten Meinung wird das Glück eines Menschen nicht durch die Anzahl seiner Erfolge bestimmt.

Stattdessen wird das Glück daran gemessen, wie oft sich ein Mensch nach jedem Sturz wieder aufgerappelt hat. Die Anzahl der "Kampfnarben", die man sich auf dem Weg zum Erfolg zugezogen hat. Wenn Sie geduldig sind, erhalten Sie die Fähigkeit, alle Rückschläge in Siege umzuwandeln, und die Bereitschaft, kleinere Schlachten zu verlieren, um den größeren Krieg zu gewinnen.

Mit der Geduld kommt auch das Vertrauen und die Erkenntnis, dass es im Leben keine wirklichen Misserfolge gibt, wenn man sie nicht anerkennt.

Nun mag es wahr sein, dass wir alle auf unserem Weg vorübergehende Rückschläge erleben. Doch gerade durch diese vorübergehenden Niederlagen lernen wir effektivere Methoden und Taktiken, die wir nutzen können, um künftige wichtige Kämpfe im Leben zu gewinnen.

Diejenigen, die nur warten, werden nicht belohnt. Stattdessen wird derjenige belohnt, der kontinuierlich Zeit, Energie und Mühe in die

Kultivierung von Geduld und das Ergreifen massiver Korrekturmaßnahmen investiert.

WIE MAN VON MITTELLOS ZU REICH WIRD.

Um Wohlstand zu erlangen, muss man zunächst glauben, dass man ihn verdient; andernfalls kann man sich den Weg mit Gefühlen der Unzulänglichkeit und Angst versperren. Es reicht nicht aus, Geld zu begehren, man muss auch glauben, dass man es verdient. Dies ist eines der Geheimnisse, um finanziellen Erfolg zu erzielen.

Menschen, die darauf konditioniert sind zu glauben, dass ihre Rasse, ihr sozioökonomischer Hintergrund, ihre Umgebung oder ihre Religion sie daran hindern, Reichtum zu erlangen, haben es schwer, dies zu tun. Jahrzehntelange Konditionierung durch Diskriminierung kann sich negativ auswirken. In vielen Fällen hat der fehlende Zugang zu den Möglichkeiten, die Geld bietet, die Bildungs-, Berufs- und Lebensstiloptionen von wirtschaftlich benachteiligten Menschen eingeschränkt.

Glücklicherweise haben einige Menschen diese schwierigen Situationen mit reiner Entschlossenheit und Entschlossenheit überwunden. Wenn dieser Minderwertigkeitskomplex tief verwurzelt ist, kann er mit Hilfe von Gegenkonditionierungsmaßnahmen, die in das Bewusstsein und das Unterbewusstsein eindringen, ausgemerzt werden.

GELD HAT EIN ENERGIEFELD.

Geld zieht Geld an, sowohl in der spirituellen als auch in der physischen Sphäre. Geld hat sein Energiefeld und muss mit seinen subtilen Schwingungen ausgeglichen werden, um es anzuziehen. Auf die gleiche Weise zieht Liebe Liebe an und Angst zieht Angst an.

Wenn Sie sich also nicht würdig fühlen oder wirklich glauben, dass Sie es haben können, werden Sie es nicht anziehen. Wenn Sie sich nur in geringem Maße würdig fühlen, sind Ihre Begegnungen mit Geld vielleicht flüchtig und unbedeutend. Sie scheinen nicht in der Lage zu sein, den Wohlstandskanal aufrechtzuerhalten.

Affirmationen und/oder Übungen zur überschwelligen Bewusstseinskonditionierung sind ein wunderbarer Ausgangspunkt, um eine solidere Verbindung zu Ihrem geistigen Zustand der Würdigkeit und der Fähigkeit, Reichtum in Ihr Leben zu ziehen, herzustellen.

Aus religiöser Sicht eignen sich bestimmte biblische Schriften, alte spirituelle Literatur, Gebete, Psalmen und Affirmationen für eine positive mentale Transformation und können äußerst wirksam sein, wenn sie täglich gesprochen werden.

Eine alternative Lösung sind Übungen zur mentalen Konditionierung. Dabei handelt es sich um die Praxis, negative Gedankenmuster durch positive zu ersetzen, um die gewünschten Ergebnisse zu erzielen. Ein positiver Gedanke muss jeden negativen Gedanken ersetzen, der eliminiert wird.

ERNÄHRUNG DER KREATIVEN SCHICHT.

Am Anfang der Zeit schuf Gott den Himmel und die Erde. Die Erde war leer und formlos; Dunkelheit bedeckte die tiefe Oberfläche, und Gottes Geist schwebte über den Wassern.

Bevor alles war, gab es eine Vorstellung. Die Vorstellungskraft ist die geistige Schöpfung von Visionen der gewünschten physischen Manifestation. Sie spielt eine wesentliche Rolle im kreativen Prozess, da sie eine gedankliche Form von einer Idee zu einer tatsächlichen Substanz zwingt.

Viele Legenden enthalten symbolische Hinweise darauf, darunter Aladins Lampe, das biblische Manna, Peter Pan und der Zauberer von Oz. Es dreht sich alles um Visualisierung und Vorstellungskraft.

Wie kann man die Phantasie lenken?

Dies kann erreicht werden, indem man daran arbeitet, das vorgestellte Konzept zu verwirklichen. Stellen Sie sich etwas vor, denken Sie darüber nach und finden Sie einen Weg, die Idee mit Hilfe von Bildern zum Leben zu erwecken.

Wenn Sie sich ein Luxusfahrzeug wünschen, sollten Sie ein Autohaus besuchen und eine Probefahrt machen, um ein Gefühl dafür zu bekommen und eine authentische Erfahrung zu machen. Wenn Sie sich ein neues Haus wünschen, gehen Sie auf Hausbesichtigungen und fotografieren Sie die Häuser, um Ihre ideale Immobilie zu finden.

Das Ziel ist es, die Kluft zwischen Ihren Gedanken und der realen Welt zu überbrücken. Durch die Kraft der eigenen Vorstellungskraft kann die Welt in die eigenen Träume verwandelt werden. Ich habe es schon einmal getan, damit Sie es auch tun können. Ich war in der Lage, ein Auto, ein Digitalpiano, ein Haus und ein fantastisches Einkommen durch den Einsatz meiner Vorstellungskraft zu bekommen.

IHRE IDEEN INS LEBEN ZU RUFEN.

Im Leben bieten sich uns oft Möglichkeiten, ein Vermögen zu erwerben, aber wir nehmen sie nicht wahr. Gelegentlich erscheinen uns diese Gelegenheiten unappetitlich, und wir verwerfen sie, weil sie nicht in unseren Lebensplan passen.

Gelegenheiten, die sich in verlockenden Farben, verführerischer Gestalt und amüsanten Formen präsentieren, werden eher angenommen, sind aber nicht immer die beste Wahl. Gelegenheiten zum Reichtum bieten sich oft an, aber es liegt an uns, die Tür zu öffnen. Wir schließen die Tür mit dem Schlüssel auf. DANKBARKEIT! Was ist das Geheimnis?

Unsere Wünsche, Gedanken und Träume sind wie kleine Magnete, die Lebenserfahrungen und Möglichkeiten anziehen. Je größer die Leidenschaft, desto schneller wird sich die Gelegenheit bieten, und desto besser wird sie unseren idealen Wünschen entsprechen.

Sobald sich eine Gelegenheit bietet, müssen wir die Tür öffnen, indem wir sie mit Dankbarkeit und Respekt annehmen. Je größer unsere Wertschätzung ist, desto günstiger ist der Ausgang der Gelegenheit.

Nur wenige Menschen begreifen wirklich die Macht der Dankbarkeit. Sie glauben, dass Dankbarkeit lediglich Dankbarkeit ausdrückt, aber sie ist so viel mehr - sie führt zu Taten. Positives Handeln! Die Haltung der Dankbarkeit hält uns bescheiden und im "Gesetz der Gegenseitigkeit" des Gebens und Nehmens.

Das "Gesetz der Gegenseitigkeit" ist ein Faktor des "Gebens und Nehmens", der respektiert werden muss, damit der Wohlstand in vollem Umfang verteilt werden kann. Dieses Gesetz wird in der Bibel und anderen spirituellen Traditionen häufig erwähnt.

Gebt, und ihr werdet empfangen. Ein gepresstes, geschütteltes und überlaufendes Maß wird Ihnen in den Schoß fallen. Denn nach dem Maß, das du anwendest, wird dir zugemessen werden. Auch wenn diese Bibelstellen als TEIL der spirituellen Lehren des Christentums gelten, besteht kaum ein Zweifel daran, dass sie sich auf ein Gesetz beziehen, das im Leben eines jeden Menschen gilt, unabhängig von Religion, Glauben oder Rasse. Chaos entsteht, wenn dieses Gesetz in unserem täglichen Leben missachtet wird.

Wenn wir nicht dankbar sind für das, was wir erhalten, und uns nicht in irgendeiner Weise revanchieren, liegt unser Boden oder unser Geist brach, und die Samen, die wir dort pflanzen, verwelken und sterben schließlich. Wo es keinen gebenden oder freundlichen Geist gegenüber Menschen gibt, kann und wird sich der Weg zum Wohlstand verengen. Dieser Geist der Großzügigkeit kann die Form von Diensten, Geldspenden, liebevoller Güte, Weisheit und mehr annehmen.

Geld für eine Sache zu spenden, die Ihnen sehr am Herzen liegt, ehrenamtlich bei einer gemeinnützigen Veranstaltung mitzuwirken, jemandem den Rasen zu mähen, einem älteren Menschen eine Mahlzeit zu bringen, einen Freund nach Hause zu fahren, Gegenstände an Goodwill zu spenden usw. sind Beispiele für solche Handlungen. An einem Sonntagabend erzählte ein Mitglied unserer Gruppe, dass er arbeitslos sei und ihm das Geld für die nächste Mahlzeit fehle, während er das Abendessen und eine gute Diskussion genoss.

Dieses Gespräch führte dazu, dass dieser Arbeitslose von einem Kumpel eine Bewerbung erhielt, die er dann am Arbeitsplatz abgab. Der Arbeitslose wurde eingestellt, und derjenige, der seine Bewerbung eingereicht hatte, wurde befördert.

Dies ist ein Beispiel für das Gesetz der Gegenseitigkeit, und es besteht kaum ein Zweifel daran, dass Wertschätzung uns mit der Energie der Liebe, Freundlichkeit, Fürsorge, des Mitgefühls, der Geduld und Großzügigkeit umgibt. In diesem Sinne führt Wohlstand auch zu ausgezeichneter Gesundheit und Glück.

Dankbarkeit ist kraftvoll und der Schlüssel, um die Türen zum Wohlstand zu öffnen und Möglichkeiten anzuziehen, die Ihre Bedürfnisse und Wünsche mit Substanz füllen. Wenn Sie Ihre Schulden mit Freude statt mit Hass bezahlen, werden sie schneller getilgt. Wenn Sie mehr Geld in Ihrem

Leben wollen, müssen Sie dankbarer werden und dies auf die oben beschriebene Weise zeigen.

Wenn Sie sich ein neues Haus wünschen, reinigen und verschönern Sie das vorhandene, und Sie werden ein besseres bekommen. Wenn Sie sich einen besseren Job wünschen, finden Sie einen Weg, Ihren jetzigen zu lieben und dort, wo Sie sind, hervorragende Arbeit zu leisten, und Sie werden eine Beförderung erhalten (vielleicht sogar eine neue Beförderung).

Wenn Sie arbeitslos sind, verbringen Sie etwas Zeit damit, in einer gemeinnützigen Organisation zu helfen; ein Job wird sich finden. Sie werden schockiert sein, wie Dankbarkeit Ihre Träume vorantreiben und in die Realität bringen kann! Lassen Sie es geschehen! Dankbar sein!

WARUM GEDULD DAS ENTSCHEIDENDE ERFOLGSELEMENT IST.

Sie wünschen sich Wohlstand und finanzielle Unabhängigkeit, richtig? Und Sie wollen sie so schnell wie möglich, vor allem, wenn Sie wie viele Menschen unter Schulden und Verpflichtungen leiden, sich Sorgen machen, ob Ihre Arbeit sicher ist, und sich wünschen, dass Sie ein bisschen mehr für Genuss und Entspannung haben. Sie haben sich jahrelang abgemüht, und jetzt wäre es schön, wenn Sie die Früchte Ihrer Bemühungen ernten könnten.

Die meisten Menschen, die sich nach finanzieller Unabhängigkeit sehnen, glauben, dass sie diese schnell und ohne Schwierigkeiten erreichen werden. Sie sehen jemanden, der es "über Nacht" geschafft hat. Sie betrachten jemanden, der heute finanziell erfolgreich ist, vergessen aber all die Anstrengungen, die diese Person in der Vergangenheit unternommen hat, um ihre finanzielle Unabhängigkeit aufzubauen.

Diese irrtümliche Wahrnehmung verleitet viele Menschen zu der Annahme, dass finanzieller Erfolg - oder Erfolg in jedem anderen Bereich des Lebens - schon morgen oder spätestens am Ende des Monats erreicht werden kann.

Wie Napoleon Hill jedoch feststellte, müssen Sie die drei Hauptelemente des Erfolgs - Geduld, Ausdauer und Beharrlichkeit - erlernen, die er als unschlagbare Erfolgskombination ansah.

Ich will alles, und zwar SOFORT!

Sofortiges Vergnügen ist in unserer Gesellschaft zur Norm geworden. Junge Menschen sind dafür berüchtigt, dass sie erwarten, dass ihnen jede Laune und jeder Wunsch schnell erfüllt wird. Die Medien haben die Menschen davon überzeugt, dass ihr Leben nie mehr dasselbe sein wird, wenn sie nicht sofort das neueste Designerstück bekommen.

Auch die Finanzinstitute haben ihren Teil dazu beigetragen, indem sie kreditwürdigen Personen und anderen, die einen exzessiven Lebensstil nur schwer aufrechterhalten können, Kredite zur Verfügung stellen. Es scheint, dass Geduld keine Tugend mehr ist.

Menschen wie Edwin C. Barnes arbeiteten für Thomas Edison in einer niederen Position und warteten geduldig auf die Gelegenheit, Edisons geschäftlicher TEILhaber zu werden. In ähnlicher Weise wartete Henry Ford geduldig, während seine Ingenieure an der Entwicklung des V-8-Motors arbeiteten, der ihm ein Vermögen einbrachte. Ohne Beharrlichkeit wäre keiner von beiden erfolgreich gewesen.

Erfolgreiche Menschen zögern, ihre Meinung zu ändern, wenn sie einmal eine Entscheidung getroffen haben. Wenn Sie Ihre Pläne mitten in der Ausführung abrupt ändern, werden Sie nie erfahren, was daraus geworden wäre. Wenn Sie an Ihrer Entscheidung festhalten, anstatt sie zu ändern, haben Sie Zeit, die Dinge auf sich beruhen zu lassen, so dass Sie die Folgen Ihres Handelns genau prüfen können.

Beharrlichkeit ist die Fähigkeit, eine Aufgabe bis zum Abschluss durchzuhalten, anstatt aufzugeben, wenn die Dinge nicht so laufen, wie man es sich wünscht. Der Schlüssel zum Erfolg im Verkauf liegt darin, sich einer ausreichenden Anzahl von Personen zu präsentieren, die das, was Sie verkaufen, auch kaufen wollen. Wenn viele Menschen den Kauf abgelehnt haben, kann es schwierig sein, sich dem nächsten potenziellen Kunden zu nähern.

Man redet sich ein, dass es keinen Sinn hat, weil man nur wieder enttäuscht wird, oder man stellt in Frage, ob es sich lohnt, die Ware zu kaufen. Negatives sammelt sich an und bildet einen mentalen Berg, den es zu erklimmen gilt, um die nächste Chance zu nutzen.

Die wichtigste Methode, dies zu überwinden, besteht darin, das zu tun, was Sie gerade tun: hartnäckig sein. Setzen Sie ein Grinsen auf, nehmen Sie den Hörer ab, klopfen Sie an die Tür des Nachbarn, oder was auch immer. Die nächste Person, mit der Sie sprechen, könnte der Schlüssel zu Ihrem Erfolg sein, aber wenn Sie nicht hartnäckig sind, können Sie weggehen, anstatt auf sie zuzugehen.

Machen Sie es sich zur Gewohnheit, einen Mangel an Beharrlichkeit zu überwinden. Neue Unternehmungen oder Unternehmungen, bei denen Sie weniger Selbstvertrauen haben, erfordern mehr Ausdauer als andere. Hier ist es für negative

Gedanken und Einflüsse noch einfacher, sich durchzusetzen.

Hören Sie auf, sich Gedanken über das Ergebnis zu machen, und fangen Sie einfach an. Wenn die Dinge nicht so laufen, wie Sie es sich wünschen, ist das eine großartige Gelegenheit, daraus zu lernen, und wenn es dann doch klappt, werden diese glücklichen Gefühle den Wert der Beharrlichkeit bekräftigen.

10% Inspiration, 90% Transpiration.

Hinter jeder erfolgreichen Person steht eine Menge unerkannter Anstrengungen, insbesondere von ihren Kritikern. Thomas Edison scheiterte viele Male, bevor er eine funktionierende Glühbirne schuf. Erfolgreiche Sportler verbringen viele Stunden damit, ihre Bewegungen zu perfektionieren, um ihre Leistung im Wettkampf mühelos erscheinen zu lassen. Das Reality-Fernsehen zeigt, dass zwar Geschicklichkeit erforderlich ist, dass aber letztlich Ausdauer über Erfolg oder Misserfolg entscheidet.

Jeder, der finanzielle Unabhängigkeit erlangt hat, hat dies durch ständige Bemühungen erreicht. Sie entdeckten einen brennenden Wunsch, setzten ihre Kreativität ein, um einen geordneten Plan zu entwerfen, und setzten diesen dann Tag für Tag um, bis sich ihr "sofortiger" Erfolg einstellte.

Frühe Errungenschaften wurden als Meilensteine gefeiert, nicht als Ziel. Rückschläge wurden als Lernchancen betrachtet: Pläne ändern und Techniken neu bewerten, nicht als Grund zum Aufgeben.

Körperliche oder geistige Arbeit oder beides ist der einzig sichere Weg zu langfristiger finanzieller Unabhängigkeit. Um Erfolg zu haben, sollte man bereit sein, den Preis dafür zu zahlen, indem man die drei wichtigsten Erfolgsfaktoren kultiviert und nutzt: Geduld, Ausdauer und Beharrlichkeit.

DIE FORMEL FÜR REICHTUM, DIE NIE SCHEITERN KANN.

Wie kann ich ein stabiles Einkommen erzielen und aufhören, mich auf andere zu verlassen? Dieses Thema ist im vergangenen Jahr in meinen Gesprächen mit vielen meiner Leser immer wieder aufgekommen.

Jedes Mal, wenn mir jemand diese Frage stellt, macht sie mich nachdenklich. Ich drehe die Frage um und frage: "Gibt es eine Strategie zur Schaffung von Reichtum, die nicht scheitern kann? Wenn es eine Formel gibt, wie lautet sie? Wie kompliziert ist sie? Kann praktisch jeder, der entschlossen ist, es schaffen?"

Nach Monaten intensiven Nachdenkens und gründlicher Recherche habe ich die Antworten auf diese Fragen. Ja, es gibt eine Strategie zur Schaffung von Reichtum, die niemals scheitern kann! Bevor ich die Formel beschreibe, möchte ich kurz den Begriff "Formel" definieren, denn er ist wichtig, damit Sie verstehen, was ich Ihnen vermitteln möchte.

Einem Online-Wörterbuch zufolge ist eine Formel eine im Voraus festgelegte Form von Worten, die z. B. etwas definitiv oder verbindlich ankündigt oder erklärt, ein Verfahren vorschlägt, das zu befolgen ist, oder die Anwendung vorschreibt. Mit anderen Worten: etwas Dauerhaftes oder Gewöhnliches; eine Regel oder ein Prinzip, ein Rezept oder eine Verschreibung.

Diese Definition legt nahe, dass eine Formel zur Vermögensentwicklung eine Sammlung von Richtlinien oder Rezepten ist. Was also ist die Formel? Es handelt sich um eine vierstufige Methode, die, wenn sie integriert wird, es Ihnen ermöglicht, Reichtum zu schaffen.

Nachfolgend sind die vier Abschnitte aufgeführt:

- Machen Sie Gott zum Eckpfeiler.

- Finden Sie einen Weg, um dauerhaft ein echtes Einkommen zu erzielen und die Selbstkontrolle zu haben, niemals alles auszugeben.

- Meistern Sie die Kunst, wiederkehrende Zahlungen für Ihre Dienstleistungen zu erhalten.

- Konzentrieren Sie sich ausschließlich auf die Schritte 1, 2 und 3, indem Sie ständig nach Möglichkeiten suchen, Ihre Leistung zu verbessern.

Das ist die Gleichung. Nun wollen wir sie zerlegen. Der erste Abschnitt ist ganz einfach, richtig? Das bedeutet, dass du dich dafür entscheiden musst, dich an dem auszurichten, was GOTT sagt. Das bedeutet, dass Sie sich bewusst sein müssen, was Gott gesagt hat, und in der Lage sein müssen, sich daran auszurichten.

Die beste Methode, dies zu erreichen, ist, ein fleißiger Student des Wortes GOTTES zu werden. Sie werden eine solide Grundlage für die Erzeugung von Reichtum schaffen, wenn Sie seine Lehren verstehen und sich für ihre Umsetzung einsetzen.

Wenn zum Beispiel Ihr GOTT derselbe ist, dem ich diene, werden Sie ein hingebungsvoller Hörer und Täter dessen sein, was GOTT gesagt hat, wie es in der Bibel steht. Ein hingebungsvoller und begeisterter Praktiker des Wortes Gottes ist ein sicherer Kandidat für dauerhaften Reichtum.

Der Gesamterfolg kann diesem Menschen nicht versagt bleiben. So bekräftigt die Bibel die Behauptung: "Lass dieses Buch des Gesetzes nicht von deinen Lippen, sondern denke Tag und Nacht darüber nach, damit du darauf bedacht bist, alle seine Anweisungen zu befolgen. Dann wirst du Wohlstand und Erfolg erleben." Josua 1:8.

Das sollte Sie erfreuen, wenn Sie ein Täter und Hörer des Wortes sind. Und warum? Sie sind ein Täter geworden, weil Sie es gerade gehört haben, und wenn Sie jetzt vorwärts gehen und tun, was das Wort sagt, sind Sie nicht länger ein Hörer.

Dann kommen Sie in den Genuss dessen, was die Bibel verspricht. Mein GOTT wird niemals seine Existenz verleugnen. Er wird alles ausführen, was er in seinem Wort gesagt hat. Nichts ist für Ihn unmöglich.

Das zweite TEIL der Strategie besteht darin, eine Technik zu finden, mit der man beständig echte Einnahmen erzielt und niemals alle seine Einnahmen ausgibt. Damit ist in der Regel nicht das Einkommen aus einem Traumjob oder einem erstklassigen Beruf gemeint. Wir sprechen hier von einer Person, die wahrscheinlich arbeitslos ist, keine Ahnung hat, woher ihre nächste Mahlzeit kommen wird, oder deren monatliches Einkommen "nichts Besonderes" ist.

Die Versuchung für Menschen in dieser Situation ist groß, so desillusioniert und entmutigt zu werden, dass sie beschließen, ihr Leben zu beenden.

Ich muss zugeben, dass dies eine äußerst schwierige Situation ist. Wenn Sie das tun, was ich Ihnen vorschlage, werden Sie nicht nur wieder auf die Beine kommen, sondern sich auch von den Ketten der Armut befreien. Um dieses Hindernis zu überwinden, müssen Sie nur aufstehen und sich einen sinnvollen

Dienst überlegen, den Sie für jemanden gegen eine Entschädigung leisten können, und sich vergewissern, dass es sich um eine legitime Tätigkeit handelt.

Wenn diese Bemühungen dann einen gewissen Ertrag abwerfen, machen Sie den nächsten Schritt und disziplinieren Sie sich selbst, nicht alle Ihre Gewinne auszugeben, egal wie gering sie auch sein mögen. Dies ist ein entscheidender Bestandteil des Rezepts für die Schaffung von Reichtum.

Die meisten Menschen kommen nicht über diese Phase hinaus. Entweder bleiben sie in dem niederen Job, der ihnen ein beständiges Einkommen verschafft, oder sie betrachten das Geld, das sie verdienen, mit Verachtung, anstatt Gott dafür zu danken.

Aber wenn Sie verstehen, wie diese Formel funktioniert, wird sich Ihre Einstellung ändern. Sie werden zunächst erkennen, dass dies nur eine kurze Phase in Ihrem Leben ist. Es ist kein Ort, an dem Sie zu viel Zeit verbringen wollen. Das einzige Ziel besteht darin, genug Geld zu verdienen, damit Sie etwas zu essen haben [nicht unbedingt regelmäßig eine befriedigende Mahlzeit] und etwas in Ihre persönliche Entwicklung investieren können.

Was Ihre Investition in die Selbstverbesserung betrifft, so wählen Sie sorgfältig aus. Die beste Strategie besteht darin, sich das Fachwissen anzueignen, das Sie sehr gut beherrschen und zum Nutzen anderer einsetzen können. Hier ist ein Geheimnis, das ich Ihnen gerne verraten möchte.

Sie wissen zum Beispiel, dass Privatpersonen und Unternehmen für bestimmte Aufgaben immer andere bezahlen werden, um sie auszuführen. Suchen Sie sich eine dieser Tätigkeiten aus, die Ihnen Spaß macht, werden Sie kompetent darin und bemühen Sie sich, der beste Anbieter dieser Dienstleistung zu sein.

Bevor ich die dritte Komponente dieser Formel erkläre, möchte ich noch auf etwas anderes hinweisen. Vorhin habe ich Sie vor der Gefahr gewarnt, undankbar zu werden für die minimalen Einnahmen, die Sie durch die Ausführung von niederen Tätigkeiten im zweiten Schritt des Verfahrens erzielen. Wenn Sie die Selbstbeherrschung haben, dies zu tun, sind Sie schon halbwegs aus der Armut heraus.

Sie sollten dabei sehr vorsichtig sein. Wenn Sie zulassen, dass ein Mangel an Dankbarkeit in Ihr Herz eindringt, wird er Sie verzehren und Sie daran hindern, sich selbst zu verbessern. Wenn Sie dies zulassen, sind Sie in Gefahr. Seien Sie also achtsam!

Okay, Sie haben nun das erste gefährliche Hindernis überwunden, an dem viele scheitern. In der dritten Hälfte der Formel besteht Ihr Ziel darin, Ihr Fachwissen zu verbessern, um wiederholt für Ihre Dienstleistung bezahlt zu werden.

Was bedeutet das?

Erinnern Sie sich daran, dass Sie jetzt ein Talent besitzen? Und dass Sie diese Fähigkeit so weit beherrschen, dass Sie sich als der Beste darin präsentieren können? Jetzt ist der Moment gekommen, ein Unternehmen zu gründen, das auf Ihrer einzigartigen Fähigkeit basiert.

Die Nummer eins in Ihrem Fachgebiet zu sein, ist keine Garantie dafür, dass Ihr Unternehmen nach seiner Gründung Gewinn abwirft. Dies ist ein weiterer Fallstrick, dem Neulinge oft zum Opfer fallen.

Wenn die meisten Menschen ein Unternehmen gründen, erwarten sie einen schnellen Start. Sie können es kaum erwarten, ihren Reichtum zu reinvestieren. Dies ist jedoch selten der Fall; wenn nicht, verlieren die meisten Menschen das Interesse und wenden sich anderen Dingen zu.

Sie müssen lernen, geduldig zu sein, um diesen Teil der Berechnung zu korrigieren. Ich kann Ihnen aus eigener Erfahrung sagen, dass diese Phase des Weges zur finanziellen Unabhängigkeit sogar noch schwieriger sein kann als die Zeit, als Sie mit niederen Arbeiten ein Einkommen erzielten.

In TEIL drei dieser Methode werden Sie sich auf eine Mischung aus all den Prinzipien verlassen, die Sie in TEIL eins und zwei gelernt haben, um die Wintersaison zu überstehen.

Sie müssen sich neue Fertigkeiten aneignen, wie z. B. die Werbung für Ihre Produkte und Dienstleistungen, die Führung eines erfolgreichen Unternehmens, die Verwaltung von Menschen und materiellen Ressourcen sowie die Gewinnung und Bindung von Kunden auf Lebenszeit.

Ihre Fähigkeit, in diesen Bereichen zu lernen und erfolgreich zu sein, wird über den Erfolg Ihres Unternehmens entscheiden. Nehmen wir jedoch an, Sie bleiben hartnäckig und setzen alles um, was Sie gelernt haben, ohne dabei Integrität und ethisches Verhalten in Ihrem Unternehmen außer Acht zu lassen. In diesem Fall werden Sie einen Punkt erreichen, an dem der Gewinn, von dem Sie glaubten, dass er nicht oder zu spät eintreten würde, die Norm sein wird.

Wenn Sie diesen Punkt erreichen, müssen Sie alles, was Sie in den Schritten 1, 2 und 3 gelernt haben, erneut anwenden, aber dieses Mal werden Sie es besser, schneller und effizienter machen, und wenn Sie so weitermachen, werden Sie weiter expandieren.

Das ist meine narrensichere Strategie zur Schaffung von Wohlstand.

TEIL 5 - IN SICH SELBST INVESTIEREN.

Glauben Sie, dass die größte Investition, die Sie jemals tätigen können, die in sich selbst ist; das ist Selbstinvestition. Finanzielle Bildung ist der Schlüssel, um Ihre Ziele zu erreichen. Es ist klug, in Ihre finanzielle Bildung zu investieren, denn dies trennt die Armen von den Reichen, ob Sie wollen oder nicht.

Ich habe die finanzielle Bildung erwähnt, weil sie unerlässlich ist, aber es gibt unzählige andere Möglichkeiten, in sich selbst zu investieren. Sie können Geld investieren, um einen höheren Abschluss in Ihrem Fachgebiet zu erwerben, der Sie über Ihre Zeitgenossen hinaushebt.

Wenn Sie z. B. 1.000 Dollar für einen professionellen Kurs ausgeben, der nach Abschluss Ihre Marktfähigkeit erhöht und Ihr Jahreseinkommen von, sagen wir, 100.000 Dollar auf 300.000 Dollar steigert, ist das dann nicht eine sinnvolle Investition?

Der Vorteil dieser Art von Investition ist, dass sie selten scheitert. Im Gegensatz zu einer Investition in ein Restaurant, das durch eine künftige Sintflut zerstört werden könnte, würden Sie die Informationen für den Rest Ihres Lebens behalten. Im Gegensatz zu Investitionen auf dem Kapitalmarkt, die etwas heikel sein können, kann bei dieser Form der Anlage nichts schief gehen.

Es ist fast so, als ob Ihr Geld Ihre Zeit gekauft hat. Je mehr man in sich selbst investiert, desto weniger Aufwand ist nötig, um mehr Geld zu verdienen. Das erklärt, warum manche Spezialisten bis zu 1.000 Dollar für eine Aufgabe verlangen, die vielleicht nicht mehr als eine Stunde in Anspruch nimmt. Zu dieser Kategorie gehören, um nur einige zu nennen, hoch bezahlte plastische Chirurgen, Motivationsredner, professionelle Verkäufer und Nachrichtensprecher.

Der Grund dafür ist, dass Sie sich ein Thema aussuchen sollten, das Sie beherrschen möchten, auch wenn es nicht der Bereich ist, in dem Sie sich gerade befinden, und sich so gut wie möglich weiterbilden sollten, damit die Leute Ihnen eine Prämie für Ihre Dienste zahlen, und das kann jeder Sektor oder Job sein, vom professionellen Werbetexter bis zum Sportanalysten; streben Sie einfach die Spitze der Karriereleiter an, und Sie werden auf dem Weg zum Reichtum sein.

Innerhalb weniger Minuten kann sich das Leben von gleichmäßig und vorhersehbar zu schnelllebig und stressig verändern. So wie sich unser Leben entwickelt, müssen auch wir es tun! Ob im Privat- oder im Berufsleben, Selbstentwicklung und Selbstverbesserung sind unerlässlich, um den Stress des Wandels zu bewältigen und die bevorstehenden natürlichen Veränderungen zu akzeptieren.

Zur Selbstentwicklung gehört es, ehrlich zu sich selbst zu sein und zu überlegen, was die wichtigsten Prioritäten im Leben sein sollten. Es geht darum, sich neue Fähigkeiten, Kenntnisse und

Methoden anzueignen, die Sie persönlich und beruflich weiterbringen.

Wenn Sie in Ihre persönliche Entwicklung und Selbstverbesserung investieren, investieren Sie auch in Ihre Zukunft und erlangen das Selbstvertrauen und die innere Stärke, die Sie brauchen, um Erfolg und Erfüllung zu finden.

Natürlich ändern sich die Prioritäten im Laufe der Zeit. Eine regelmäßige Überprüfung Ihrer Ziele und Prioritäten hilft Ihnen dabei, sich ein klares Bild davon zu machen, wo Sie hinwollen und wie Sie Ihre Stärken zu Ihrem größten Vorteil nutzen können. Hier sind fünf Empfehlungen, die Ihnen helfen, sich selbst besser zu verstehen und Ihr Leben in vollen Zügen zu genießen.

Positivität!

Eine gute Einstellung und eine gute Perspektive sind wesentlich für die persönliche Entwicklung und das Wachstum. Positive und negative Erfahrungen sind ein TEIL des Lebens, und wir müssen aus jeder lernen. Wenn Sie zum Beispiel versucht haben, ein kleines Unternehmen zu gründen, und dabei grandios gescheitert sind, sollten Sie sich nicht entmutigen lassen und es noch einmal versuchen. Sie sollten Ihre Fehler in diesem Geschäft nutzen, um bei Ihren zukünftigen Unternehmungen erfolgreich zu sein.

Die Vergangenheit verstehen.

Der vorherige Punkt führt mich zu diesem. Lernen Sie aus vergangenen Entscheidungen, um sich in Zukunft zu verbessern. Wenn jede unserer Handlungen im Leben zur Perfektion führen würde, würden wir nichts lernen, oder? Dann wäre das Leben in der Tat ziemlich langweilig!

Ich glaube, dass Scheitern für den Erfolg notwendig ist. Das muss nicht bedeuten, dass man völlig versagt, aber Fehler zu machen und aus ihnen zu lernen, ist ein wesentlicher Bestandteil eines glücklichen Lebens und eines Prozesses der Selbstentwicklung.

Jeder Schritt der Reihe nach.

Nehmen Sie sich ein Ziel oder Vorhaben nach dem anderen vor und gewinnen Sie daraus Erkenntnisse. Ja, Multitasking ist ein großartiges Talent, aber man läuft Gefahr, am Ende das Interesse, die Konzentration und den Fokus zu verlieren. Das Problem beim Multitasking ist, dass es zum Burnout führt, wenn man sich zu viel vornimmt.

Nachdem Sie ein Ziel oder eine Aufgabe erledigt haben, gehen Sie zum nächsten über. Wenn Sie z. B. die Möglichkeiten des Social Media Marketing kennen lernen möchten, sollten Sie sich zunächst bei einem sozialen Netzwerk anmelden.

Ob Facebook, Twitter oder LinkedIn, wenn Sie sich zuerst mit einer Seite vertraut machen, können Sie sich mit der Welt der sozialen Medien vertraut machen und wertvolle Kontakte knüpfen, die Ihnen beim Erlernen der anderen Seiten helfen können, wenn Sie soweit sind.

Andere berücksichtigen.

Manchmal beginnt die persönliche Entwicklung mit der Erzählung der Entwicklung eines anderen. Ja, Sie haben richtig gelesen! Jeder um uns herum hat eine Geschichte, von der wir profitieren können. Wenden Sie sich an jemanden, der ein kleines Unternehmen eröffnet hat, wenn Sie dies anstreben.

Diese Person hat aus den üblichen Fehlern gelernt und kann Sie auf den richtigen Weg führen. Sie werden neues Wissen und nützliche Ratschläge erhalten, die Ihnen dabei helfen werden, der Kleinunternehmer zu sein, der Sie sein möchten.

Den Wandel mit weit geöffneten Armen annehmen.

Wenn Sie sich verändern, wachsen Sie. So einfach ist das, und wenn Sie Veränderungen akzeptieren und sich an sie anpassen können, sind Sie auf dem besten Weg zu persönlicher Verantwortung und Erfolg.

AUSGEZEICHNETE METHODEN, UM IN SICH SELBST ZU INVESTIEREN.

Wenn Geld Einkommen generieren kann, kann dann die Zeit dasselbe tun? Man wird nur einmal 18, 28, 38, 48 und 58 Jahre alt. Tätigen Sie irgendwelche persönlichen Investitionen? Bitte denken Sie daran, dass Ihre beste Investition in Ihre Zukunft geht.

Nehmen Sie sich die Zeit, um über Ihre Ziele nachzudenken?

Wünschen Sie sich eine Beförderung?

Möchten Sie viele Einnahmequellen erschließen?

Möchten Sie Ihr eigenes Unternehmen gründen?

Möchten Sie fit werden?

Wünschen Sie sich einen gesünderen Lebensstil?

Wenn Sie wissen, was Sie wollen und wo Sie stehen, ist es einfacher zu bestimmen, wo Sie hinwollen. Jetzt ist es an der Zeit, mit der Ausarbeitung Ihres Unternehmensplans zu beginnen und ihn zu verwirklichen.

Warum jetzt?

Da Sie es sich nicht leisten können, Risiken einzugehen, sind Sie nicht immun gegen Arbeitsplatzverlust, Rezession, übermäßige Inflation oder Entlassung. In sich selbst zu investieren ist ein hervorragender Ansatz, um einen Plan B zu haben, wenn Sie neue Wege finden müssen, um Ihre Rechnungen zu bezahlen und Ihren Lebensstil aufrechtzuerhalten. Wenn Sie nicht wissen, wie Sie Ihre Zeit verbringen sollen, werden es wahrscheinlich andere für Sie tun.

Aber es ist noch nicht zu spät; hier sind sechs Techniken, um wieder in sich selbst zu investieren:

1) Verbessern Sie Ihre Ernährung und trainieren Sie für Ihre Fitness - Gesundheit / Fitness.

Das Erste, in das Sie investieren sollten, ist Ihre Gesundheit und Fitness. Ohne diese können Sie die übrigen Aufgaben nicht bewältigen. Ihr Energieniveau hängt hauptsächlich davon ab, wie viel Sie sich bewegen und was Sie zu sich nehmen.

Ernähren Sie sich gesundheitsfördernd mit nahrhaften und leicht verfügbaren Lebensmitteln. Wo sonst macht Bewegung Sie gesünder, als wenn Ihr Gehirn Hormone ausschüttet, die dafür sorgen, dass Sie sich wach und gut gelaunt fühlen?

Ihre Belohnungen für Fitness/Gesundheit:

- Verbesserte Vitalität, Kraft, Ausdauer, Gesundheit und körperliche Fitness.
- Fühlt sich selbstbewusster und hat ein positiveres Körperbild.
- Bleibt fern von Krankheiten und Beschwerden.

2) Weitere Bücher lesen und Seminare/Kurse besuchen - Kenntnisse/Fähigkeiten.

"Wissen ist Macht" bedeutet, dass das Lesen von Büchern keine Zeitverschwendung ist; hören Sie also auf, fernzusehen, und beginnen Sie zu lesen. Wenn Sie mehr Bücher lesen, erweitern Sie Ihr Wissen und Ihre Kompetenz.

"Verbessern Sie Ihre Talente" - Um wettbewerbsfähig zu bleiben, müssen Sie lebenslang lernen. Zwingen Sie sich, ein Buch pro Monat zu lesen. Investieren Sie in sich selbst, indem Sie Kurse zum Erlernen einer zweiten Sprache belegen, einen Master-Abschluss oder eine berufliche Zertifizierung anstreben oder an einem Seminar oder Kurs für Gleichgesinnte teilnehmen.

Ihre Entschädigung für Wissen/Fähigkeiten:

- Verbessern Sie Ihre Kreativität und entwickeln Sie weitere Ideen für weitere Belohnungen.
- Erforschen und entdecken Sie Ihre Fähigkeiten in Bezug auf Ihre Bedürfnisse und Wünsche neu.

- Zuversichtlich und wettbewerbsfähig in anderen Aspekten des Lebens, können Sie in der Lage sein, mehr zu tun, als Sie jetzt tun.

3) Um sich gut zu fühlen, mehr Großzügigkeit und Meditation zeigen - Moral / Emotionen.

Wenn Sie glauben, dass Sie umso mehr erhalten, je mehr Sie geben, dann helfen Sie jemandem, der finanzielle oder berufliche Unterstützung benötigt. Ich bin sicher, Sie werden sich fantastisch fühlen und mehr erhalten, als Sie geben.

Sie fühlen sich nicht nur fantastisch, sondern Sie gewinnen auch einen Freund fürs Leben. Haben Sie schon einmal darüber nachgedacht, 10 Minuten am Tag zu meditieren? Wenn Sie sich emotional aufgewühlt oder gestresst fühlen. Meditation ist ein bewährtes Mittel, um den Geist zu beruhigen; Sie werden die Dinge nach einer Sitzung klarer sehen.

Ihr Nutzen für Ethik / Emotionen:

- Seien Sie die meiste Zeit fröhlich.
- Verstehen Sie Ihre Emotionen und konzentrieren Sie sich auf Ihre gewünschten Ziele.
- Kultiviere eine fröhliche Einstellung und sei ein Seelenverwandter, den sich jeder als Freund wünscht.

4) Verbringe Zeit mit Verwandten, um deine Freude zu erhalten - Familie / TEILner.

Während man eifrig seine Ziele verfolgt, hat man gelegentlich das Gefühl, dass einem etwas im Weg steht, und fühlt sich deswegen schrecklich. Negativität kann manchmal überwältigend sein. Sie sollten all diese Negativität beseitigen und Positivität aufladen, indem Sie Zeit mit der Familie verbringen, denn das beseitigt Negativität und erzeugt Freude.

Ihre Familie / Ihr Ehepartner Belohnungen:

- Verbesserung der Beziehung zwischen Familie und Ehemann

- Durch eine verbesserte Kommunikation kann eine Familie Missverständnisse vermeiden und sich enger zusammengehörig fühlen.

5) Persönliche Finanzen und Investitionen für Reichtum beginnen - Finanzen / Investitionen.

Befreien Sie sich von Schulden, beginnen Sie, Ihre Finanzen zu ordnen und legen Sie ein Portfolio von Investitionen an, um Ihr Geld zu nutzen. Wenn Sie jeden Tag ein wenig Zeit für Ihre Finanzen aufwenden, wird sich das enorm auszahlen. In der heutigen Gesellschaft kann es schwierig sein, sich nur von einer Einkommensquelle zu ernähren; daher ist es wichtig, verschiedene Einkommensströme mit innovativen Ideen zu erzeugen.

Ihre Investition / Finanzielle Rendite:

- Entwickeln Sie eine Haushaltsplanung und umsichtige Ausgabengewohnheiten.
- Bleiben Sie schuldenfrei und nutzen Sie Ihre Interessen, um viele Einkommensquellen zu erschließen.

- Erhöhte finanzielle Intelligenz führt zu finanzieller Unabhängigkeit.

6) Vernetzung und Unterstützung durch die Gemeinschaft - Gesellschaft / Gemeinschaft.

Die Macht eines einzelnen Intellekts ist begrenzt; Sie müssen andere Gleichgesinnte finden, um Kraft und Unterstützung zu erhalten. Beziehungen zu anderen können die Selbstverbesserung erleichtern, indem sie es Ihnen ermöglichen, Perspektiven auszutauschen und Ratschläge/Unterstützung von jemandem zu erhalten, der diese Erfahrung bereits gemacht hat, so dass Sie häufige Fallen vermeiden und Zeit sparen können. Zeit mit Freunden und Fremden zu verbringen, wird einen großen Unterschied bei der Verfolgung Ihrer Ziele machen.

Ihre Belohnung für Ihren Beitrag zur Gesellschaft / Gemeinschaft:

- Vermeiden Sie häufige Fehler und erhalten Sie wichtige Informationen, die Sie möglicherweise übersehen haben.
- Sie können bei Bedarf emotionale Unterstützung und Hilfe durch Mentoren und Masterminds erhalten.
- Verbessern Sie Ihre sozialen Fähigkeiten und nutzen Sie Ihre Freunde zur Unterstützung und Inspiration.

Je nachdem, wie gut Investitionen getätigt werden, können sie eine Person voranbringen oder ruinieren. Es gibt allgemeine Gesetze für Investitionen, die befolgt werden können, um das Risiko des Anlegers zu verringern. Sie sind nicht narrensicher, aber sie sind vernünftige Vorschläge zum Schutz Ihres Geldes und Ihrer Investitionen.

Das endgültige Anlageziel sollte eine der ersten Überlegungen des Anlegers sein. Ein Rentenfonds ist eine langfristige Wahl, auch wenn Geld für einen Familienurlaub oder andere Ausgaben eine risikoreichere Anlage wie Aktien erforderlich machen kann. Der Pensionsfonds kann so einfach sein wie eine IRA oder einige CDs, die 20 Jahre lang in einer Bank versteckt wurden, da die Mittel nicht sofort benötigt werden.

Diversifizierung ist ein Begriff, der von Anlegern und Finanzberatern aus gutem Grund häufig verwendet wird. Wenn es um Investitionen geht, ist das Sprichwort "Lege nicht alle Eier in einen Korb" sehr zutreffend. Durch die Streuung seiner Anlagen kann der Anleger sein gesamtes Vermögen schützen, wenn eine oder mehrere Anlagen scheitern.

Wer zum Beispiel ausschließlich in Aktien investiert, verlässt sich stark darauf, dass der Markt nicht nur stabil bleibt und steigt, sondern auch nicht fällt. Der kluge Anleger wählt verschiedene CDs, Aktien, Rentenkonten und Investmentfonds aus, um dieses Gleichgewicht zu erreichen. Dies trägt dazu bei, ihn zu schützen, wenn eine seiner Anlagen scheitert.

Behalten Sie eine Zielperspektive bei; weichen Sie nicht aus Emotionen heraus von Ihrer Finanzstrategie ab. Wenn Sie voreilig reagieren, wenn eine Kurznachricht Sie überrascht oder der Markt für einen Tag geringfügig sinkt, können Sie eine langfristige Investition wegwerfen, die von Vorteil gewesen wäre.

Konzentrieren Sie sich auf das langfristige Ziel und halten Sie sich daran, Anlagen zu kaufen oder zu verkaufen, wenn sie einen bestimmten Wert erreichen, anstatt Ihre Entscheidungen auf tägliche Trends oder Narben zu stützen.

Eine der grundlegendsten Regeln beim Investieren ist die Berücksichtigung der Auswirkungen von Steuern und Inflation auf das Gesamtergebnis. Steuern schleichen sich bei Anlegern ein, weil sie nicht in großer Zahl auf einmal anfallen, wie z. B. bei einem Marktrückgang, und wenn sie nicht genau überwacht werden, können sie ein erhebliches Loch in jede Investition reißen.

Sicherstellen, dass die erzielten Gewinne ausreichen, um Steuern und Inflation zu bezahlen und Ihr Investitionsziel zu erreichen.

TEIL 6 – DIVERSIFIED.

Diversifizierung ist ein "kluger" Begriff, der von bestimmten Finanzberatern verwendet wird, wenn sie versuchen, Ihnen die Aktien eines Unternehmens oder ihre Strategie, den Markt zu übertreffen, schmackhaft zu machen. Er zeugt entweder von Arroganz oder von Geiz.

Die Diversifizierung ist ein bewährter Ansatz zur Verringerung des Anlagerisikos. Die moderne Portfoliotheorie und die Arbeit von Harry Markowitz sind die Quellen dieses Konzepts. Es entspricht dem gesunden Menschenverstand, dass ein Vermögen, das sich auf wenige Anlagen konzentriert, ein größeres Risiko darstellt als ein Vermögen, das über viele Anlagen gestreut ist.

Die typische Antwort lautet: "Dieses Unternehmen ist das beste, seit Thomas Edison General Electric gegründet hat." Es wird Wal-Mart, Microsoft und IBM zusammen übertreffen.

Vielleicht, aber man kann die Zukunft nicht vorhersagen. Unabhängig davon, wie vielversprechend die Zukunft eines Unternehmens auch erscheinen mag, es besteht immer ein Risiko.

- Das Produkt, von dem Sie glauben, dass es erfolgreich sein wird, scheitert auf dem Markt.

- Der Gründer erleidet einen Herzinfarkt und stirbt.

- Ein Terroranschlag zerstört den weltweiten Hauptsitz des Unternehmens.

- Der Vizepräsident für Marketing hat möglicherweise kontrollierte Betäubungsmittel verkauft.

- Eine Regierungsbehörde kommt zu dem Schluss, dass das Unternehmen gegen das Gesetz verstoßen hat.

- Gegen das Unternehmen wird eine umfangreiche Sammelklage eingereicht.

- Die zentralamerikanische Regierung beschlagnahmt die wichtigste Produktionsstätte des Unternehmens.

Die Möglichkeiten sind unbegrenzt. Unabhängig davon, wie vielversprechend die langfristigen Aussichten eines Unternehmens erscheinen mögen, ist es praktisch unvermeidlich, dass es auf einige Schwierigkeiten stößt. Ob es der nächste Wal-Mart oder McDonald's ist, werden Sie erst dann wirklich wissen, wenn Sie sehen, ob es diese Schwierigkeiten löst oder nicht. Und so weiter.

Das nicht-systemische oder idiosynkratische Risiko ist das Risiko, das mit der Investition in ein einzelnes Unternehmen und dem Vertrauen auf dessen Überleben und Wachstum trotz seiner Schwierigkeiten verbunden ist.

Mit der Einführung des Fahrzeugs scheiterten alle Pferdewagenunternehmen, unabhängig von der Qualität des Managements. Folglich besteht die logische Option darin, in zwei Unternehmen zu investieren. Wenn eines scheitert, wird das andere wahrscheinlich erfolgreich sein. Es besteht jedoch immer noch eine erhebliche Wahrscheinlichkeit, dass beide Unternehmen scheitern. Dies gilt vor allem dann, wenn ihre Branchen ähnlich sind.

Daher ist die Investition in verschiedene Unternehmen in unterschiedlichen Bereichen die logische Lösung.

Die moderne Portfoliotheorie hat ergeben, dass eine Investition in zwanzig Unternehmen in verschiedenen Branchen das nicht-systemische Risiko zu etwa 90 Prozent minimiert. Durch die Investition in dreißig Unternehmen wird jegliches systemische Risiko eliminiert.

Das bedeutet, dass Ihr einziges Risiko das so genannte "Marktrisiko" ist - die Möglichkeit, dass alle 30 Unternehmen aufgrund von makroökonomischen

Variablen wie hohen Zinssätzen oder einem globalen Abschwung an Wert verlieren.

Die Kehrseite der Verringerung des Nicht-Marktrisikos ist jedoch die Eliminierung des Nicht-Markt-Gewinns. Wenn Sie also dreißig oder mehr Aktien haben, werden Sie nicht mehr verlieren als der Markt insgesamt, aber Ihr Portfolio wird auch nicht mehr gewinnen als der Markt.

Eine Handvoll Ihrer dreißig Aktien wird deutlich zulegen, die meisten werden sich durchschnittlich entwickeln, und einige wenige werden fallen. Daher wird der Durchschnitt relativ ähnlich wie der Markt sein.

Betrachten Sie jetzt aktiv verwaltete Investmentfonds. Die meisten von ihnen haben Aktien von dreißig oder mehr Unternehmen. Die meisten schneiden nicht besser ab als der Markt. Sie behalten die von ihnen ausgewählten Aktien nicht. Sie verkaufen einige, wobei Sie auf die Gewinner Steuern zahlen müssen, und kaufen einige, wobei Transaktionsgebühren anfallen.

Ganz zu schweigen davon, dass Sie für das Gehalt Ihres Fondsmanagers und andere Verwaltungskosten aufkommen müssen, die günstig (z. B. bei Vanguard) oder teuer (bei den meisten Investmentfondsfamilien) sein können.

Die offensichtliche Schlussfolgerung ist, dass Sie die Wahl haben zwischen der Eliminierung des nicht-systemischen Risikos durch den Kauf und das Halten eines Korbs von etwa 30 Aktien in Ihrem Maklerkonto (NICHT in einem Investmentfonds, bei dem das aktive Management Sie Transaktions- und Verwaltungsgebühren sowie Kapitalertragssteuern kostet) oder dem Risiko, einige wenige Unternehmen auszuwählen, von denen Sie überzeugt sind, dass sie steigen werden, und die Daumen zu drücken.

(Eine einfache Strategie, um besser abzuschneiden als der Markt, ist die Investition in einen Indexfonds wie den S & P 500 Indexfonds von Vanguard. So haben Sie die Gewissheit, dass Sie den Markt ausgleichen - was 90% der aktiv verwalteten Investmentfonds überlegen ist.)

Aktienanalysten mögen das nicht.

Dazu gehören Fondsmanager, Portfoliomanager, Makler, Verfasser von Newslettern und Finanzanalysten, die versuchen, Ihnen ihre Dienste anzubieten, indem sie vorhersagen, welche Unternehmen erfolgreich sein werden.

Es macht ihnen Spaß, nach Unternehmen zu suchen, die auf Erfolgskurs zu sein scheinen, und sie werden oft fündig. Wenn Sie Ihr gesamtes Portfolio in ein einziges Unternehmen investieren und sich dessen Wert schnell verdoppelt oder verdreifacht, haben Sie besser abgeschnitten als der Markt.

Wenn Sie jedoch Ihr gesamtes Anlagekapital in ein oder wenige Unternehmen investieren, sind Sie diesem nicht-systemischen Risiko ausgesetzt. Erzielt das Unternehmen nicht die vom Berater vorhergesagten Ergebnisse, stürzt Ihr Portfolio ab.

Sicherlich gibt es legitime Gründe, warum einige Unternehmen erfolgreich sind und andere scheitern, und wenn Sie diese Gründe isolieren können, können Sie die Aktien kaufen, die am ehesten erfolgreich sind, und diejenigen meiden, die am ehesten scheitern.

Dies ist Gegenstand umfangreicher Untersuchungen, und es gibt Anhaltspunkte, anhand derer Sie Unternehmen identifizieren können, die mit größerer Wahrscheinlichkeit erfolgreiche Investitionen sind.

Die Kurse aller am Markt befindlichen Aktien können, wie im Jahr 1929, drastisch fallen. Daher sollten Sie Ihre Anlagen über verschiedene Anlageklassen hinweg diversifizieren, was allgemein als Asset Allocation bezeichnet wird. Jeder sollte idealerweise einige Aktien, einige Barmittel (Geldmärkte oder Einlagenzertifikate), einige Immobilien (außer dem Hauptwohnsitz) und Anleihen besitzen.

In einer idealen Welt sollten Sie nicht nur Anlagen in Ihrem Heimatland besitzen, sondern auch Aktien, Bargeld, Immobilien und Anleihen auf jedem Kontinent (mit Ausnahme der Antarktis, vorerst!).

Auf diese Weise sind Sie in allen nationalen und regionalen Volkswirtschaften und Währungen breit aufgestellt.

Wenn Sie also jemanden hören, der Diversifizierung als "Streuung" abtut (wie niedlich!), würde ich darauf wetten (nicht mein ganzes Geld, aber einiges), dass es sich um einen Makler oder einen anderen Berater handelt, der versucht, Ihnen ein bestimmtes Unternehmen zu verkaufen, oder um einen Berater, der versucht, Ihnen seine Methode zur Auswahl von Gewinneraktien zu verkaufen.

WARUM IST DIVERSIFIZIERUNG FÜR IHR PORTFOLIO WICHTIG?

Ein umsichtiger Anleger würde die Anlagen seines Portfolios regelmäßig überprüfen. In Anbetracht der Volatilität der Märkte ist es wichtig, seine Anlagen zu diversifizieren, insbesondere bei Aktien, da es sehr riskant wäre, sein gesamtes Geld in eine einzige Aktie zu investieren.

Mit Eiern sind in diesem Zusammenhang Aktien gemeint, und wenn ein Anleger alle seine Eier in denselben Korb (Branche/Sektor) legt, geht er ein erhebliches Risiko ein. Er könnte erhebliche Verluste erleiden, wenn die gewählte Branche zusammenbricht. Die Redewendung "Lege nicht alle Eier in einen Korb" ist wahrscheinlich auf diese Erfahrung zurückzuführen.

Ich möchte dies anhand eines aktuellen Beispiels aus Indien verdeutlichen. Aufgrund verschiedener Umstände erlebte die Luftfahrtbranche 2016 erhebliche Schwankungen und Volatilität, was einen Dominoeffekt auf die Aktien von Fluggesellschaften hatte.

Wenn ein erheblicher Teil des Portfolios eines Anlegers aus Aktien von Fluggesellschaften besteht, hätte er es schwer, denn die branchenweite Volatilität hätte die Aktienkurse erheblich einbrechen lassen.

Wäre der Anleger etwas klüger gewesen und hätte er die Entwicklung seiner Aktien berücksichtigt und die Zusammensetzung seines Portfolios neu bewertet, hätte er Anpassungen vornehmen können, bevor er weitere Verluste erleidet.

Die Diversifizierung des Portfolios verringert das Verlustrisiko, insbesondere wenn sich die Aktienwerte aufgrund der Marktvolatilität in einer bestimmten Branche ändern. Im Idealfall investiert der Anleger in ein breites Spektrum von Unternehmen aus einigen Branchen und nimmt nach regelmäßiger Analyse der Aktien Ergänzungen und Streichungen vor.

Hätte der Anleger im vorangegangenen Beispiel sein Risiko auf andere Unternehmen verteilt, anstatt sich auf den Luftfahrtsektor zu konzentrieren, hätte er wahrscheinlich Gewinne erzielt oder viel geringere Verluste erlitten.

Unzählige Anleger haben den gleichen Fehler wie den oben beschriebenen begangen, nämlich in ein einziges Unternehmen oder eine einzige Aktie zu investieren, in der Erwartung, dass diese kurz- oder langfristig außergewöhnlich gut abschneiden wird. Wenn ein Anleger nur begrenzte Kenntnisse über die

Diversifizierung seines Portfolios hat, wäre es klug, den Rat eines Finanzplaners einzuholen.

Ein Finanzplaner von einem seriösen Anbieter von Finanzdienstleistungen kann Ihre aktuellen Investitionen besser verstehen und einen praktischen Fahrplan für die Erreichung Ihrer finanziellen Ziele innerhalb eines bestimmten Zeitrahmens erstellen.

Außerdem kann Ihnen ein Finanzplaner mit einer Ausbildung in Finanzberatung mehr Möglichkeiten für Investmentfonds bieten. In der Vergangenheit konnten sich nur vermögende Privatpersonen (HNI) und sehr vermögende Privatpersonen (Super-HNI) die Dienste eines Finanzplaners leisten.

In den letzten fünf Jahren haben die Anleger jedoch erkannt, dass die Gebühren des richtigen Finanzberaters vernachlässigbar sind, wenn er sie bei der Ausrichtung ihres Portfolios auf ihre finanziellen Ziele unterstützen kann.

Die Diversifizierung eines Portfolios ist für den Vermögensaufbau unerlässlich; wenn Ihr Portfolio also hauptsächlich aus Aktien eines einzigen Unternehmens oder einer einzigen Branche besteht, sollten Sie es zu Ihrem Vorteil diversifizieren.

Diversifizierung von Beteiligungen und der Neueinsteiger.

Es ist ratsam, wichtige Entscheidungen zu treffen und ein gut diversifiziertes Portfolio zu wählen, auch wenn das Portfolio recht klein ist. Es wäre töricht zu versuchen, die ganze Kunst des Portfoliomanagements zu vermitteln (vor allem, wenn man bedenkt, dass sich die Märkte augenblicklich ändern und es selbst den erfahrensten Portfoliomanagern nicht gelingt, sie zu schlagen).

Ein zweiter Grund, warum dieses Argument irrelevant ist, ist, dass es keine Regeln und keine "sicheren" Entscheidungen gibt, wenn man versucht, die Märkte zu schlagen. Es gibt jedoch Hilfsmittel, die den Anlegern helfen, in turbulenten Zeiten das Gleichgewicht zu halten. Die Diversifizierung ist der grundlegendste und wahrscheinlich wesentlichste Begriff für die Aufrechterhaltung eines guten Portfolios, um das es in diesem Abschnitt geht.

Diversifizierung bedeutet, das Risiko durch den Besitz eines breit gefächerten Wertpapierportfolios zu senken. Es gibt zwei Arten von Portfoliorisiken: das systematische Risiko, unabhängig davon, wie gut man diversifiziert, und das unsystematische Risiko, das durch Diversifizierung vermieden werden kann.

In diesem Abschnitt geht es in erster Linie um das Risiko, das durch ein diversifiziertes Portfolio von Vermögenswerten gemindert werden kann. Dieses Phänomen hängt mit der Beziehung zwischen Wertpapieren zusammen, die durch den Korrelationskoeffizienten quantifiziert wird. Dies mag beängstigend klingen, aber es handelt sich dabei lediglich um die Bewegung von Aktien innerhalb eines Portfolios im Verhältnis zueinander.

Besteht ein Portfolio beispielsweise aus zwei Unternehmen und eines verbessert sich um 10 Punkte, während das andere um 10 Punkte abnimmt, so sind diese beiden Titel negativ miteinander verbunden oder korrelieren mit -1. Sind ihre Tendenzen identisch und bewegen sie sich um 10 Punkte im Gleichschritt, so sind die beiden Titel positiv korreliert oder haben eine Korrelation von +1.

Nehmen wir als Grundlage einen Anleger, der zu gleichen Teilen in zwei Aktien von General Motors und Ford investiert hat. Da es sich sowohl bei General Motors als auch bei Ford um US-Automobilhersteller handelt, besteht eine hohe Wahrscheinlichkeit, dass bei einem Rückgang der einen Aktie die andere in Kürze folgen wird.

Wie zu erwarten, werden bei einem Rückgang der Automobilverkäufe mehr Menschen auf öffentliche Verkehrsmittel umsteigen, was dem Bussektor Einnahmen verschafft. Dies ist ein Beispiel für positiv korrelierte Vermögenswerte; wie man sieht, ist es ziemlich gefährlich, beide Unternehmen zu halten. Es wäre klüger, die Hälfte in Ford und die andere Hälfte in ein Busunternehmen zu investieren.

Dieses Beispiel einer negativen Korrelation zeigt, wie die Diversifizierung der Bestände eines Portfolios dessen Gesamtrisiko verringern kann. Wenn die Aktie des Busunternehmens und die Aktie von Ford negativ miteinander verbunden sind, wird der Verlust des einen durch den Anstieg des anderen ausgeglichen.

Man könnte sich fragen, warum das Portfolio nur dann kostendeckend sein kann, wenn sich beide Wertpapiere gegenseitig aufheben. Dies wäre der Fall, wenn die Anlagen negativ miteinander verbunden wären; in der Praxis ist die Wahrscheinlichkeit, dass sich die Wertpapiere im Gleichschritt bewegen, jedoch recht gering.

Daher ist eine Diversifizierung vorteilhaft, wenn die Korrelation zwischen den Anlagen zwischen 0 und -1 liegt. Diversifizierungsvorteile sind wahrscheinlicher, wenn die Anlagen Ihres Portfolios nicht dazu neigen, sich in der Vergangenheit oder im Verkaufsprospekt gemeinsam zu bewegen.

In der Geschichte gibt es viele Fälle, in denen dieser Grundsatz bedauerlicherweise missachtet wurde. Dennoch muss man sich zunächst fragen: "Wo ist mein Ruhestandsgeld?" und "In welchen anderen Anlagen befindet sich mein Ruhestandsgeld?"

Die Bedeutung dieser Fragen ergibt sich aus der Tatsache, dass in den späten 1990er Jahren ein Unternehmen namens Enron in finanzielle Schwierigkeiten geriet, die Tausende von Menschen dazu zwangen, ihre Investitionen zu verlieren. Die Verluste waren schwerwiegend, aber für diejenigen, die das Glück hatten, zu diversifizieren, überschaubar.

Diejenigen, die ausschließlich Enron-Papiere besaßen und sich im Hinblick auf ihre Altersvorsorge stark darauf verließen, verloren alles. Ausschließlich in das Unternehmen zu investieren, für das der Anleger arbeitet, ist ein häufiger Fehler unerfahrener Anleger, die nicht erkennen, dass sie auch Portfoliomanager sind und ihr Risiko aktiv absichern müssen.

Eine Diversifizierung sollte für alle Arten von Wertpapieren in Betracht gezogen werden, nicht nur für Aktien. Die Aufrechterhaltung eines ausgewogenen Portfolios aus Immobilien, Anleihen, kleinen und großen Aktien sowie Schatzanweisungen kann den Unterschied zwischen großen Verlusten und spektakulären Gewinnen ausmachen.

Studien zeigen, dass professionelle Fondsmanager trotz jahrzehntelanger Bemühungen, eine konstante Rendite über dem Markt zu erzielen, nicht besser abschneiden als der typische Anleger. Dies ist ein weiterer Grund dafür, ein breit gefächertes Portfolio zu halten.

Wenn ein Anleger eine Aktie kauft, weiß er nicht, wie der Kurs 24 Stunden später aussieht. Hoffentlich hat er oder sie die Investition untersucht, um sicherzustellen, dass es ein guter Kauf war, aber es ist unmöglich vorherzusagen, wo die Investition am nächsten Tag schließen wird.

Mit Hilfe der Diversifizierung können unerfahrene Wertpapiermanager einen Großteil des

Risikos, das mit diesen unvorhergesehenen Veränderungen verbunden ist, reduzieren, die Auswirkungen unserer Verluste verringern und uns dabei helfen, erfolgreichere Anleger zu werden.

DIE BEDEUTUNG DER DIVERSIFIZIERUNG FÜR DIE VERMÖGENSBILDUNG.

Wahrscheinlich haben Sie schon einmal die Redewendung gehört, dass man nicht alles auf eine Karte setzen sollte. Wenn es um Investitionen geht, legt man nicht alle Eier in einen Korb. In diesem Kapitel werden wir die verschiedenen "Körbe" für Investitionen untersuchen und unsere Diversifizierungsstrategie erläutern.

Jeder Mensch hat Angst vor finanziellen Verlusten. Wir möchten keine finanziellen Entscheidungen treffen, die zu Kapitalverlusten führen. Eine Diversifizierung verringert die Wahrscheinlichkeit, dass dies geschieht.

Einige Anlagen haben das Potenzial, höhere Gewinne zu erwirtschaften, bergen aber auch kurzfristig höhere Risiken. Andere Anlagen erwirtschaften niedrigere, aber stabilere Renditen.

Die Diversifizierung soll im Laufe der Zeit zu gleichmäßigeren und beständigeren Anlageerträgen führen.

1: Investieren Sie entsprechend Ihrem Zeithorizont.

Wenn wir uns mit Ihnen treffen, nehmen wir uns viel Zeit, um mehr über Ihre Ziele und Vorstellungen zu erfahren. Jede von uns angebotene Anlagestrategie muss zu Ihnen passen und Ihnen alle Möglichkeiten bieten, Ihre Bedürfnisse und Ziele zu verwirklichen.

Wenn Sie kurzfristige finanzielle Ziele haben (weniger als drei Jahre), empfehlen wir Ihnen Geldanlagen wie Bankkonten und Festgelder. Auch wenn diese Anlagen keine hohen Renditen bringen, bleibt Ihr Kapital stabil.

Wenn Ihre Ziele langfristiger sind, können Sie Anlagen wie Aktien und Immobilien einbeziehen, die im Laufe der Zeit höhere Renditen bringen können. Sie würden nicht ein Jahr lang in Aktien investieren, da dies zu riskant ist. Ein Jahrzehnt lang Ihr gesamtes Geld in Bargeld anzulegen, ist dagegen ähnlich gefährlich, da es nach Abzug der Steuern kaum mit der Inflation Schritt halten würde.

Je nach Ihrem Zeithorizont könnten Sie einen Teil Ihres Geldes in Wachstumswerte investieren, um höhere Erträge zu erzielen.

2 - Verschiedene Eier in verschiedenen Körben.

Ihr gesamtes Geld in eine einzige Immobilie oder Aktie zu investieren, ist gefährlich. Sie können beträchtliche Renditen erzielen, wenn es sich gut entwickelt, aber was ist, wenn es scheitert?

Eine gute Diversifizierung bedeutet, in verschiedene Anlageklassen zu investieren, darunter Aktien, Immobilien, festverzinsliche Wertpapiere und Bargeld. Wie viel Sie in die einzelnen Sektoren investieren, hängt von Ihren Zielen und der Höhe des

Risikos ab, das Sie zu akzeptieren bereit sind, um Ihre gewünschte Rendite zu erzielen.

Im Laufe der Zeit werden Sie feststellen, dass verschiedene Anlageklassen zu verschiedenen Zeiten des Jahres gut abschneiden.

3: Nimm von den Guten und gib den Bösen.

Wir sind der Meinung, dass eine Neugewichtung Ihres Portfolios unerlässlich ist.

Denken Sie an die Empfehlung, etwa 30 Prozent Ihres Portfolios in australische Aktien zu investieren. Etwa 35 % Ihres Portfolios besteht aus australischen Aktien, die im kommenden Jahr außergewöhnliche Renditen erzielen dürften. Wenn australische Aktien 5 % mehr Ihres Portfolios ausmachen als bisher, werden andere Sektoren unterdotiert sein.

Das ist nicht einfach, wenn die Dinge gut laufen. Wenn sich australische Aktien im nächsten Jahr gut entwickeln, werden Sie es möglicherweise bereuen, im letzten Jahr zu verkaufen. Wenn der Wert dieses Sektors jedoch sinkt, werden Sie unseren Rat und Ihre Disziplin bei der Einhaltung der empfohlenen Vermögensaufteilung zu schätzen wissen.

Wenn australische Aktien hingegen ein schwieriges Jahr haben und an Wert verlieren, werden wir Ihnen empfehlen, Mittel aus Sektoren, die sich besser entwickelt haben, in australische Aktien umzuschichten.

4 - Verschiedene Investitionsmodelle nutzen.

Die Superannuation ist für viele Menschen das am besten geeignete Finanzinstrument, um für den Ruhestand zu sparen. Je weiter man jedoch vom Ruhestand entfernt ist, desto größer ist die Wahrscheinlichkeit, dass sich die Regeln für die Superannuation ändern werden.

Vielleicht wird die Änderung nicht signifikant sein, aber wir halten es für riskant, wichtige Entscheidungen auf der Grundlage der Annahme zu treffen, dass die heutigen Gesetze noch gelten, wenn Sie in 10 Jahren in Rente gehen.

Wir schlagen vor, dass Sie Ihr Vermögen auf mehrere Anlageformen verteilen. Wir bevorzugen die Superannuation als primäres Instrument für die Altersvorsorge, würden aber auch verwaltete Fonds und Bankkonten empfehlen.

Wenn sich die Regeln ändern, haben Sie nicht alles auf eine Karte gesetzt.

5 - Konzentrieren Sie sich nicht auf eine einzige Investition.

Die Konzentration des Vermögensaufbaus auf eine einzige Investition ist riskant. Ich habe erlebt, wie Menschen mit einer einzigen Anlageimmobilie und einer hohen Hypothek zu kämpfen hatten, wenn sie sechs Monate lang keine Mieter finden konnten.

Ich habe erlebt, dass Kunden mit großen Beteiligungen an einem einzigen Unternehmen (über ein Belegschaftsaktienprogramm) innerhalb weniger

Wochen einen Vermögensrückgang von 40 % hinnehmen mussten, weil der Aktienkurs dieses Unternehmens fiel.

Also, verteilen Sie Ihre Eier.

Nehmen wir an, Sie haben Ihr Geld in fünf verschiedene Aktien investiert. Wenn eines dieser Unternehmen scheitert, verlieren Sie 20 % Ihres Geldes. Was wäre, wenn es in hundert Unternehmen investiert wäre, von denen eines scheitert? Sie würden nur 1 % Ihres Kapitals verlieren.

6: Vergessen Sie die Bleistifte nicht.

Als letzte Veranschaulichung der Bedeutung der Diversifizierung betrachten wir folgenden Fall.

Stellen Sie sich vor, Sie halten einen Bleistift in der Hand, der aus Blei besteht. Es ist möglich, ihn zu biegen und zu zerbrechen, auch wenn es einige Anstrengung erfordert.

Sammeln Sie nun zwanzig Bleistifte in Ihren Händen. Versuchen Sie, sie zu biegen und zu zerbrechen, aber es gelingt Ihnen nicht.

SIND IHRE ANLAGEN AUSREICHEND DIVERSIFIZIERT?

Die Prämisse hinter diesem Ratschlag ist, dass, wenn Sie in mehrere Arten von Vermögenswerten investieren und eine fällt, die anderen steigen können, was im Laufe der Zeit zu einer stabileren oder weniger volatilen Rendite führt.

Die zugrunde liegende Prämisse ist, dass die von Ihnen erworbenen Anlagen unterschiedlich sind und sich unter allen Marktbedingungen gegenseitig ausgleichen werden. In der Literatur werden meist Aktien, Anleihen und möglicherweise Immobilien als Anlagen genannt, aber sind damit alle Möglichkeiten der Vermögensbildung abgedeckt?

Welche Herausforderungen ergeben sich aus dieser Strategie?

4) Die Diversifizierung im herkömmlichen Sinne ist in 99,9 % der Fälle wirksam, aber dieses 1 % wird immer häufiger, und die Standardstrategien zur Schadensverhütung sind möglicherweise nicht mehr wirksam.

Die Diversifizierung hängt ab von 1) dem Gleichgewicht zwischen Kauf- und Verkaufsaufträgen, 2) dem Grad der Verflechtung innerhalb der betreffenden Märkte und 3) dem systematischen Faktor der Geldemission in Verbindung mit der Hebelwirkung, die die Fähigkeit von Käufer und Verkäufer (oder des Marktes), sich auf Preise zu einigen, übertrumpfen kann.

1. Auf einem ausgeglichenen Markt wird immer ein Käufer oder Verkäufer zur Verfügung stehen, um eine Transaktion abzuschließen.

Sie müssten den Preis der Investition, die Sie verkaufen, senken, wenn niemand daran interessiert ist, aber die Transaktion würde trotzdem zu einem stabilen Preis abgeschlossen werden. Wenn niemand sie will, können Sie sie nicht verkaufen und die

Transaktion abschließen; Ihre Investition ist dann wertlos.

Dieses Phänomen tritt auf, wenn ein Markt zusammenbricht - alle wollen ihre Positionen gleichzeitig verkaufen, aber niemand kauft, so dass die Preise schnell fallen. In diesem Fall wäre der Markt unausgewogen, und eine Diversifizierung würde die Volatilität nur auf Märkten verringern, die nicht unausgewogen sind.

2. Interkonnektivität ist der Grad, in dem Marktplätze miteinander verbunden sind.

Dieses Konzept lässt sich zunächst anhand des lokalen Investitionsklimas nachvollziehen. Wenn Sie kanadische Anleihen kaufen, werden sie alle von den gleichen Variablen beeinflusst, einschließlich der kanadischen Zinssätze, des politischen Umfelds, der Wirtschaft und der Vorschriften.

Einige Faktoren wirken sich auf kanadische Aktien und Anleihen aus, jedoch nicht auf die gleiche Weise. So wirken sich z. B. steigende Zinssätze aufgrund des Zinseszinsgesetzes und der Arbitrageregel (die Märkte passen den Preis von etwas an, bis alle möglichen Instrumente den gleichen oder einen gleichwertigen Preis haben) direkt auf die Anleihekurse aus.

Der Kauf kanadischer und amerikanischer Aktien und Anleihen wird die Zahl der gemeinsamen Elemente weiter verringern. Je mehr Anlagen weltweit gekauft werden, desto weniger Gemeinsamkeiten gibt es, da bestimmte Volkswirtschaften florieren und andere schrumpfen werden.

Der Wirtschaftszyklus, die Zinssätze, die Währungen, das Konsumverhalten, der Handel und die Regulierung in den einzelnen Ländern sind so unterschiedlich, dass sich die Anlagen in der Regel in entgegengesetzte Richtungen bewegen. Die Diversifizierung ist aufgrund der Unterschiede im Marktklima wirksam.

Was würde passieren, wenn alle Volkswirtschaften miteinander vernetzt wären?

Was wäre, wenn alle Zinssätze der Welt miteinander verbunden wären?

Was wäre, wenn alle Volkswirtschaften gleichzeitig expandieren und schrumpfen würden? Diversifizierung:

Würde es einen Unterschied machen?

Alle Aktien, die Sie besitzen, würden als eine einzige Einheit funktionieren. Würden sich alle zugrundeliegenden Faktoren im Gleichklang bewegen, würde der globale Anleihemarkt identisch reagieren. Wenn es ein Szenario gäbe, in dem Einzelpersonen aus Angst alles verkaufen würden, würde alles gleichzeitig fallen.

Gibt es Zusammenhänge?

Wie wirkte sich die Krise in der Eurozone 2011 auf unsere Portfolios in Kanada aus?

Von dieser Krise betroffen waren China, Japan, Brasilien und Russland.

Was ist mit dem isländischen Anleihemarkt oder einer irischen Bank? All diese Ereignisse hatten Auswirkungen auf unsere Investitionen.

Und wie? Aufgrund der Technologie, der Verknüpfung der Volkswirtschaften der Welt durch Handelsabkommen, der globalen Arbeitsteilung durch Outsourcing, der weltweit einheitlichen Rohstoffpreise und der Derivate, die überall verkauft werden können und Auswirkungen haben, sind die Volkswirtschaften der Welt voneinander abhängig.

Da Derivate mit jeder Investition verbunden werden können, spielt das Gegenparteirisiko oder das Risiko, dass die beteiligten Parteien für ihre Einsätze nicht zahlen, eine wichtige Rolle bei der Verbindung der Märkte.

Wenn beispielsweise eine gesunde europäische Bank in faule amerikanische Hypotheken investiert, wird sie in gleicher Weise geschädigt wie amerikanische Banken, auch wenn sich die Geschäftstätigkeit der europäischen Bank nicht geändert hat. Kommt Ihnen das Jahr 2008 bekannt vor? Was kann also eine Diversifizierung bewirken, wenn die Weltwirtschaft ein einziges großes Gebilde ist?

Eine Diversifizierung ist auf einem "normalen Markt" von Vorteil, auf dem sich die Kauf- und Verkaufskräfte die Waage halten und die Preise nicht übermäßig schwanken. Wenn Sie verkaufen, können Sie einen konstanten Preis erzielen.

Das Gleiche gilt, wenn Sie kaufen wollen. Es gäbe genügend Meinungsverschiedenheiten, damit der Markt funktionieren kann. Dies ist nicht der Fall, wenn alle Angst haben und der Markt unausgeglichen ist.

3. Die dritte Annahme ist die Kombination von Geldemission und Hebelwirkung.

Wenn es eine Million Aktien eines kleinen Bergbauunternehmens gäbe, die jeweils 2 Dollar wert sind, würde der Gesamtwert der gehandelten Aktien 2 Millionen Dollar betragen.

Was würde passieren, wenn eine Person mit 10 Millionen Dollar anfinge, Aktien zu kaufen, um die gesamte Summe auszugeben?

Der Preis der Aktien würde steigen. Und nicht nur das: Wenn jeder Aktionär seine Aktien an diese Person verkaufen würde, könnte er den Preis selbst festlegen.

Wenn er 5 $ pro Aktie zahlen wollte, würde der Preis der Aktien 5 $ pro Aktie betragen. Wenn er sich für 10 $ pro Aktie entscheiden würde, würde der Preis 10 $ betragen. Nehmen wir an, dass nur ein kleiner Teil der ursprünglichen Aktionäre ihre Aktien verkauft hat. Wenn 100.000 Aktien zu je 10 $ verkauft würden, würden nur 1 Mio. $ ausgegeben werden.

Dieser Person verbleiben 9 Mio. $, die sie ausgeben kann. Wenn die ursprünglichen Aktionäre auf weitere Preiserhöhungen warten würden, könnten die verbleibenden 9 Millionen Dollar die Preise weiter in die Höhe treiben. Da "viel Geld eine bestimmte Anzahl von Aktien anstrebt", kann der ursprüngliche Preis von 1 $ pro Aktie mit einem erheblichen Betrag multipliziert werden.

Beachten Sie, dass bei der Bestimmung des Aktienkurses keine anderen Faktoren wie die Branche, die Wirtschaft, die Fundamentaldaten des Unternehmens, das Management oder die Vorschriften berücksichtigt werden - nicht einmal technische Anhaltspunkte wie die Kurshistorie oder Kurs-Volumen-Indikatoren.

Der Kurs steigt, weil eine große Menge an Geld Aktien kauft. So funktioniert der Pump-and-Dump-Betrug. Es werden keine aggressiven Verkaufstechniken angewandt, um Einzelpersonen zum Kauf von Aktien zu bewegen, und es gibt keinen schnellen Abzug von Spekulationsgeldern, der den anschließenden Absturz auslöst.

Was ist der Zweck dieser Erzählung?

Ein ähnliches Muster ergibt sich, wenn man den gesamten Aktienmarkt und die Herkunft des Kapitals betrachtet. Die Federal Reserve und die Europäische Zentralbank "drucken Geld" oder emittieren in erheblichem Umfang neue Schulden. Alle neu ausgegebenen Schulden müssen in das Finanzsystem gelangen, sonst werden sie nicht ausgegeben. Was wird mit den Aktienkursen passieren, wenn 1 Billion Dollar gedruckt und auf dem Aktienmarkt platziert wird?

Da diese Geldmenge so riesig ist, wird sie alle anderen Indikatoren in den Schatten stellen und die Kurse steigen lassen, weil so viel Geld hinter den Aktien her ist. Dies gilt für alle Märkte, einschließlich Anleihen, Rohstoffe und Derivate, und es würde auch umgekehrt funktionieren, wenn entsprechende Geldmengen aus einem Markt abgezogen würden.

Wenn diese Zentralbanken Geld emittieren, wird es um ein Vielfaches vervielfacht, so dass die Auswirkungen erheblich größer sind, als die Zahlen zeigen. Zur Veranschaulichung: Wenn 1 Billion Dollar an neuem Geld als neue Schulden ausgegeben werden, könnte die Hebelwirkung 10 Billionen Dollar an neuen Derivatkontrakten erzeugen.

Im Juni 2011 dürfte die Derivateindustrie einen Wert von 700 TRILLIONEN $ haben. Zum Vergleich: Der weltweite Aktienmarkt belief sich im April 2011 auf etwa 50 Billionen Dollar, der Anleihemarkt im Dezember 2010 auf über 90 Billionen Dollar und das weltweite Bruttoinlandsprodukt auf 60 Billionen Dollar.

Wenn Sie sich an die frühere Aktiengeschichte erinnern, lautete das Zitat: "Eine Menge Geld jagt eine bestimmte Anzahl von Aktien." Diese beiden Situationen sind vergleichbar, weil das zugrunde liegende Phänomen identisch ist. Das bedeutet, dass sich Derivate in erheblichem Maße auf andere Märkte auswirken und die Richtung der Preise beeinflussen können, genau wie im vorangegangenen Aktienbeispiel.

Lösungen:

Was soll man in dieser Situation tun? Die traditionellen Methoden der Diversifizierung sollten weiterhin genutzt, aber erweitert werden. Die meisten Anleger haben zunächst Anleihen gekauft, gefolgt von kanadischen Aktien, US-Aktien, weltweiten Aktien, globalen Schuldtiteln, Rohstoffen und Derivaten.

Optimal ist es, eine Kombination dieser Anlagen zu kaufen, die nicht stark korreliert sind oder nicht ähnlich auf das Marktgeschehen reagieren. Wenn diese Instrumente miteinander verbunden sind, wo könnten Sie als nächstes diversifizieren?

Der Schlüssel zur Maximierung der Vorteile der Diversifizierung lag in der Vergangenheit in der kontinuierlichen Erweiterung der Anlagemöglichkeiten um immer ungewöhnlichere Anlagen. Ironischerweise besteht der Weg zur weiteren Diversifizierung darin, zu den Fundamentaldaten zurückzukehren.

Und warum? Die Fundamentaldaten sind nicht so stark voneinander abhängig wie typische Anlagen;

wenn eine Katastrophe eintritt, werden die Fundamentaldaten immer gesucht oder aufgebraucht.

Was sind die Grundlagen?

Der Kassenbestand wäre der erste. Es steigt oder fällt nicht mit den Marktschwankungen, solange keine signifikante Inflation eintritt oder der Wert der Währung durch Abwertung oder eine andere Änderung verändert wird.

Wenn Sie Bargeld halten, können Sie einen Gegenstand auch zu einem niedrigeren Preis kaufen, was Ihr Risiko im Vergleich zum Kauf zu einem höheren Preis verringert. Gold und Silber sind die Währungen der Welt. Der nächste Gedanke ist also, verschiedene Arten von Bargeld zu besitzen. Diese wurden in der Vergangenheit als Zahlungsmittel verwendet, und das könnte in Zukunft wieder der Fall sein.

Sie können in Goldaktien und Echtmetall investiert werden. Wenn Sie über das Wissen und die Mittel verfügen, kann es sich lohnen, den Kauf von

Land für verschiedene Zwecke in Erwägung zu ziehen, z. B. für die Vermietung, die Energieerzeugung, die Nahrungsmittelproduktion oder die zukünftige Entwicklung.

Die folgende Frage lautet: "Was kann man mit Geld kaufen?", warum brauche ich es? Wenn Sie Gegenstände sofort erwerben, benötigen Sie kein Bargeld. An dieser Stelle können Tauschhandel und Selbstproduktion in Betracht gezogen werden. Dieses Konzept wird durch gemeinschaftlichen Tauschhandel, Bargeld und die Lokalisierung der Produktion wann immer möglich erweitert. Dies bedeutet, dass Gegenstände direkt im Team und nicht einzeln hergestellt werden.

Sobald ein Gegenstand den Normen des Handels entspricht - er speichert einen Wert, ist beständig, leicht verfügbar, standardisiert und jeder, der ihn verwendet, hält ihn für wertvoll - kann alles als Währung verwendet werden. Die Gründung eines Unternehmens und der Aufbau eines Handelsnetzes könnten eine Erweiterung dieses Konzepts sein.

Die Zukunft der Diversifizierung wird auf Innovation und einer Wirtschaft beruhen, die es den Menschen ermöglicht, durch Innovation erfolgreich zu sein. Diversifizierung ist ein wunderbares Konzept, aber es sollte erweitert werden, um zu gewährleisten, dass es so effektiv wie möglich ist.

INVESTITIONSVORSICHT DURCH PORTFOLIODIVERSIFIZIERUNG.

Diversifizierung ist, wenn es ein zeitloses Anlageprinzip gibt, das alle anderen übertrifft, eines der allerbesten. Wenn Sie hundert zufällige Personen auf der Straße nach der Definition von Diversifizierung fragen, werden Sie wahrscheinlich 100 verschiedene Antworten erhalten. Um sicherzustellen, dass alle auf der gleichen Seite stehen, ist es wichtig, von Anfang an klare Definitionen festzulegen.

Bei der Diversifizierung geht es nicht darum, "höhere Renditen" zu erzielen, wie ein häufiges Missverständnis ist. Bei der Diversifizierung geht es in erster Linie um die Begrenzung des Risikos und nicht um die Maximierung der Rendite. Beides schließt sich nicht gegenseitig aus, aber es liegt auf der Hand, dass Sie eine größere Chance auf eine höhere Rendite haben, wenn Sie bereit sind, ein höheres Risiko einzugehen.

Die Diversifizierung ist ein wichtiger grundlegender Ansatz für das Geldmanagement, der durchgeführt werden muss, um Ihre langfristigen finanziellen Ziele zu erreichen und gleichzeitig das Risiko zu begrenzen, auch wenn er keine Garantie gegen Verluste bietet.

Nehmen wir an, Sie untersuchen die Investitionsmuster von Familien und deren Vermögen, das über viele Generationen hinweg erhalten geblieben ist. Dann werden Sie feststellen, dass die Diversifizierung für Menschen, die in jedem denkbaren wirtschaftlichen und politischen Umfeld erfolgreich sein wollen, eine viel tiefere Bedeutung hat.

Ziel dieses Abschnitts ist es, die wichtigsten Faktoren für eine echte Portfoliodiversifizierung zu erörtern.

Der Begriff "Portefeuille" bezieht sich in der Regel auf die Sammlung von Anlagen einer Person. Ihr Portfolio erstreckt sich über Ihr gesamtes Leben, und wir neigen dazu, zu übersehen, dass es mehr ist als nur ein Spiegelbild dessen, was wir direkt in unser Altersvorsorgevermögen investieren.

Um Ihr Portfolio besser zu verstehen, kann es hilfreich sein, es als eine Darstellung Ihres Nettovermögens zu betrachten. Wenn Sie Ihr Portfolio aus dieser Perspektive betrachten, können Sie entscheiden, welche Vermögenswerte möglicherweise zu wenig oder zu viel investiert sind, und entsprechend planen.

Wissen und Erfahrung sind die wertvollsten Dinge, die man besitzen kann, und ich habe im Laufe der Jahre beobachtet, dass zu viele Menschen sich den Traum vom passiven Einkommen erfüllen, ohne den Prozess zu verstehen.

Die Entwicklung vieler passiver Einkommensströme geht nicht von heute auf morgen.

Auch wenn wir uns darauf konzentrieren, unseren Reichtum auf passive Weise zu vermehren, braucht es dennoch eine initiativreiche Einstellung und eine solide Geldverwaltungstechnik.

"Lege niemals alle Eier in einen Korb" - Sie haben dieses vernünftige Sprichwort in Ihrem Leben schon oft gehört. Diese goldene Regel des Investierens wird jedoch oft missbraucht und falsch interpretiert.

Auch wenn das Konzept eines gut diversifizierten "Korbs" von Anlagen in vielen Finanzanlageklassen und Unternehmen zur Begrenzung des Risikos intuitiv klingt, halten sich viele Anleger nicht korrekt daran.

Einige Anleger verstehen nicht, was es bedeutet, ein diversifiziertes Portfolio zu haben, während andere es ignorieren.

Wie Sie gleich feststellen werden, gehört zur Diversifizierung mehr als nur die Auswahl einiger weniger Anlageinstrumente, die man einfach einzahlt und die Kontrolle an jemand anderen abgibt.

Marktdiversifizierung, Vermögensallokation und Risikomanagement sind die Säulen einer erfolgreichen langfristigen Anlage.

Wie Ihnen jeder Finanzberater oder jemand mit einem Mindestmaß an gesundem Menschenverstand sagen wird, besteht die beste Strategie zur Absicherung Ihres Portfolios darin, Ihr Risikokapital auf viele Anlageklassen und Anlagearten zu verteilen.

Auf diese Weise können Sie die Wahrscheinlichkeit verringern, dass eine einzige Anlage oder Anlageklasse die Gesamtperformance Ihres Portfolios zerstört.

Zu diesen Anlagearten gehören in der Regel verschiedene Aktien, Anleihen, Einlagenzertifikate und Investmentfonds.

Ehrlich gesagt erschaudere ich jedes Mal, wenn ich von wohlmeinenden Anlegern - die ihr ganzes Leben lang nur auf Nummer sicher gegangen sind -

höre, dass sich jeder gegen einen Börsencrash, einen Terroranschlag oder eine Naturkatastrophe "absichern" sollte, indem er sein Rentenportfolio mit niedrig verzinsten Bank-CDs oder Schatzanweisungen aufstockt, die das Geld für 5 bis 10 Jahre binden.

Mit diesen Anlagen werden Sie nicht nur kaum mit der Inflation mithalten können (die unsichtbare Steuer), sondern wenn der Großteil Ihres Anlageportfolios aus stark korrelierten Anlageklassen besteht, kann Ihr Gesamtrisiko dramatisch ansteigen.

Investitionsmethodik.

Viele Menschen haben Ambitionen. Ihnen fehlt nur der Plan, um ihre Ziele zu erreichen. Ein Sprichwort besagt: "Wer nicht plant, plant zu scheitern".

Während die meisten vernünftigen Menschen nicht ohne eine Straßenkarte oder eine Wegbeschreibung an einen unbekannten Ort reisen würden, versuchen viel zu viele Anleger, sich in der

Finanzwelt ohne einen Investitionsfahrplan zurechtzufinden.

Bevor Sie Geld investieren, müssen Sie klare Ziele haben und einen Plan, wie Sie diese erreichen wollen. Hier kommen Ihre Risikoaversion und Ihre Anlagestrategie ins Spiel.

Aber es gibt einen Haken: Bei so vielen verschiedenen Arten von Einzelinvestitionen kann es schnell sehr unübersichtlich werden, vor allem, wenn Sie sich nicht informiert haben oder nicht wissen, wo Sie anfangen sollen.

Wie die Wölfe im Hühnerstall nutzen traditionelle Investmentfirmen "Bequemlichkeit" als ihr Hauptverkaufsargument, um Sie dazu zu bringen, Ihr hart verdientes Geld bei ihnen anzulegen und es in ihren Händen zu lassen, bis Sie Ihre finanziellen Ziele erreicht haben oder bis Sie in den Ruhestand gehen (falls das Ihr Ziel sein sollte) (falls das Ihr Ziel sein sollte).

Aber diese Strategie der Erweiterung Ihres Notgroschens ist einfach zu gefährlich. Es ist sinnvoller, eine Anlagestrategie zu verfolgen, die Ihr laufendes Einkommen steigert und es Ihnen ermöglicht, Ihr Kapital viel früher zurückzugewinnen, anstatt zu warten, bis Sie zu alt sind, um es zu genießen (oder es überhaupt nicht mehr genießen können).

Ein professioneller Berater kann sicherstellen, dass Sie nicht mehr (oder weniger) investieren, als Sie sollten, und Ihnen dabei helfen, zu berechnen und festzulegen, was geschehen muss, damit Sie Ihre finanziellen Ziele erreichen.

Ob Sie die Dienste eines zugelassenen Experten in Anspruch nehmen oder nicht, hängt davon ab, ob Sie in der Lage sind, die wichtigsten Fragen zur finanziellen Stabilität Ihrer Familie ehrlich zu beantworten.

Welche Ziele erwarten Sie mit Ihren Investitionen zu erreichen?

Werden Sie die Kosten für Ihr Studium decken? Ein Haus kaufen? Bald in den Ruhestand gehen?

Haben Sie den Mut, die Achterbahnfahrt und die möglichen Verluste, die mit risikoreichen Anlagen verbunden sind, zu überstehen?

Haben Sie noch genügend Zeit bis zur Pensionierung und genügend Ersparnisse, um sich auf passive Anlagerenditen zu verlassen, oder benötigen Sie höhere Renditen, um Ihre Pensionsziele zu erreichen?

Dies sind nur einige Beispiele für die Art von Fragen, die Sie beantworten können müssen, um die Vorteile der Diversifizierung zu maximieren.

Investieren ist mit einem Spiel vergleichbar, bei dem der Gewinner erst nach Abschluss des Spiels feststeht. Wenn Sie ein Spiel spielen, gibt es in der Regel eine Methode, mit der Sie Ihre Gewinnchancen maximieren können; das gilt auch für Investitionen.

Investieren funktioniert am besten, wenn man es einfach hält. Die Menschen neigen dazu, jeden

Aspekt des Investierens zu sehr zu verkomplizieren und es dadurch schwieriger zu machen, als es ist.

Erfolgreiches Investieren ist vergleichbar mit Gartenarbeit, nicht mit einem Lottogewinn. Man muss viele Samen säen, denn die Vögel werden TEIL davon verzehren.

Einige werden gedeihen, während andere verwelken, und ständiges Unkrautjäten wird immer notwendig sein (und man muss sich gelegentlich mit Schädlingen herumschlagen).

Aber wenn Sie die Dinge richtig angehen (und Ihr "Giermonster" behalten), haben Ihre Investitionen die besten Chancen, weiter zu wachsen.

Sie können sie sanft anstupsen, aber eine schnelle Entwicklung ist in der Regel unbeständig und zerbrechlich und kann auf Sie zurückfallen. Irgendwann werden Sie einige "Geldbäume" haben, die so weit gewachsen sind, dass sie ein erhebliches passives Einkommen erwirtschaften.

Reichtum ergibt sich daraus, wie hart Sie arbeiten, wie viel Sie verdienen, wie viel Ihr Geld einbringt und wie lange Ihr Geld wächst.

Unabhängig von Ihren langfristigen Zielen ist es nicht immer einfach, ein kontinuierliches passives Einkommen zu erzielen, aber solange Sie wissen, was Sie wollen, einen Plan haben und sich daran halten, kann Sie nichts daran hindern, Ihre finanziellen Ziele zu erreichen.

Nehmen wir an, Sie genießen derzeit die höheren Stufen des Lebens. Herzlichen Glückwunsch! Ich habe entdeckt, dass die Reise angenehmer ist als das Ziel.

AUSSTIEGSTECHNIKEN UND DIVERSIFIZIERUNG.

Unter diesen schwierigen Umständen ist es wichtig, einige grundlegende Prinzipien der Vermögensverwaltung und -sicherung zu überdenken. Es gibt viele Gründe, die Positionierung Ihres Unternehmens im Zusammenhang mit Ihren

Ausstiegsplänen angesichts des aktuellen Wirtschaftsklimas neu zu bewerten.

Es wurde gesagt: "Um reich zu werden, muss man viele Dinge besitzen, aber um reich zu bleiben, muss man verschiedene Dinge besitzen".

Daher stellt sich die Frage: "Halten Sie derzeit zu viel von einem einzigen Vermögenswert - Ihrem Privatunternehmen -, was Ihre Strategie zur Erhaltung des Gesamtvermögens gefährden könnte?"

Das ist die Frage, die Sie sich stellen sollten:

Möchte ich weiterhin "reich werden" oder "wohlhabend bleiben"?

Wenn Sie "wohlhabend bleiben" wollen, brauchen Sie eine Ausstiegsstrategie, um Ihren illiquiden Unternehmensreichtum zu schützen. Sie werden wahrscheinlich einen Teil (oder die Gesamtheit) Ihrer Unternehmensbeteiligung veräußern wollen, um Ihr Vermögen zu DIVERSIFIZIEREN.

Eine weitere gute Frage, die Sie sich stellen sollten, ist:

"Würde ich den gesamten Gewinn aus dem Verkauf meines Unternehmens heute in eine einzige Aktie investieren, die nicht aktiv gehandelt wird?"

Die Antwort ist wahrscheinlich ein klares "NEIN", denn das RISIKO des Besitzes von nur einer Aktie zu diesem Zeitpunkt in Ihrem Leben ist zu groß. Dieser Finanzplan hat einen einzigen Fehlerpunkt, da die Investition NICHT DIVERSIFIZIERT ist.

Dies ist die derzeitige finanzielle Realität für viele private Unternehmenseigentümer.

Der größte Teil Ihres Vermögens ist in Ihrem privaten Unternehmen "gebunden".

Wenn dies der Fall ist, wäre es klug, sich zu fragen: "Warum bin ich nicht stärker DIVERSIFIZIERT?

Oft antwortet ein Geschäftsinhaber auf eine der folgenden Arten:

"Ich betrachte mein Unternehmen nicht als RISIKO" oder "Ich bin nicht bereit, das Unternehmen zu VERKAUFEN. Deshalb kann ich nicht DIVERSIFIZIEREN".

"Ich bin nicht bereit, das Unternehmen zu VERKAUFEN, daher kann ich nicht DIVERSIFIZIEREN" oder "Wenn ich mein Unternehmen verkaufen müsste, um mein Vermögen zu diversifizieren, wäre ich zum jetzigen Zeitpunkt nicht in der Lage, es zu tun.

Um meine Angehörigen im Falle meines vorzeitigen Ablebens finanziell abzusichern, habe ich eine Lebensversicherung in beträchtlicher Höhe abgeschlossen (d.h. "meine Sterblichkeit ist das einzige RISIKO, das ich für den künftigen Erfolg meines Unternehmens wirklich als gegeben betrachte").

Mein Unternehmen vertreibt verschiedene Produkte und/oder Dienstleistungen; ich bin DIVERSIFIZIERT.

Sie können sich eingestehen: "Ich habe mich noch nicht verpflichtet, mich mit der Planung von Ausstiegsstrategien zu befassen, um meinen Reichtum angemessen zu sichern."

Viele Unternehmenseigentümer haben sich noch nicht dazu verpflichtet, sich mit der Exit-Strategieplanung zu befassen. Dennoch würden sie es vorziehen, ihr Kapital gegen schwierige wirtschaftliche Zeiten, wie wir sie derzeit erleben, abzusichern. Ein Ausstiegsplan ist jedoch auf Ihre Ziele abgestimmt und ermöglicht es Ihnen, Ihr Unternehmen auf die Art und Weise und in dem Zeitraum zu verlassen, die Sie für am besten geeignet halten.

Daher stellt sich die Frage: "Was muss geschehen, damit Sie eine Ausstiegsstrategie in Betracht ziehen?"

Untersuchen Sie, WARUM es für einen erfolgreichen Geschäftsinhaber schwierig ist, sich auf eine Ausstiegsstrategie zu konzentrieren.

Als Inhaber eines Unternehmens sind Sie Herr über Ihr Schicksal. Sie haben alle Widrigkeiten des Geschäftslebens überwunden und tun dies auch weiterhin täglich. Der Gedanke an eine Ausstiegsstrategie geht Ihnen in der Regel "gegen den Strich", wenn Sie an Unternehmenswachstum und Expansion denken.

Wie können Sie damit beginnen, diese titanische Denkweise in einen Ausstiegsplan zu verwandeln, der Ihr gesamtes verdientes Vermögen sichert?

Die einzige logische Antwort auf diese Frage besteht darin, den Rat von Menschen einzuholen, die bereits aus ihrem Unternehmen ausgestiegen sind, und sich das Wissen anzueignen, das Sie brauchen, um über den Ausstieg aus Ihrem Unternehmen "nachzudenken".

Das Sammeln von Informationen über die Vorbereitung des Ausstiegs aus dem Unternehmen führt zu Überlegungen, das Unternehmen zu verlassen.

Meistens wird der Gedanke, das Unternehmen zu verlassen, von Gefühlen der "zeitlichen und finanziellen Unabhängigkeit" begleitet.

Und wenn diese Ausstiegsgedanken und -gefühle über einen ausreichenden Zeitraum anhalten, werden Sie Ihr Geld mit einem rechtzeitigen und gut durchdachten Ausstiegsstrategieplan sichern.

Dann werden Sie Ihren Erfolg bei TEIL daran messen, wie vielfältig Ihr Ausstiegsstrategieplan Sie gemacht hat.

Abschließend lässt sich sagen, dass die meisten Unternehmer ihre Entscheidung erst dann treffen werden, wenn sie vollständig vorbereitet sind. Daher können wir den Millionen von Unternehmenseigentümern da draußen nur immer wieder betonen, dass eine Diversifizierung unerlässlich ist, um den Erfolg zu sichern, den Sie sich ein Leben lang erarbeitet haben.

Vor diesem Hintergrund kann man argumentieren, dass es nie zu früh ist, eine Ausstiegsstrategie in Betracht zu ziehen, und wir lassen Sie mit der Warnung zurück, dass die einzige Methode für eine gute Ausstiegsstrategie eine proaktive ist.

DIVERSIFIZIERUNG IST DER SCHLÜSSEL ZUM INDIVIDUELLEN VERMÖGEN.

Es braucht Zeit und Mühe, um Reichtümer anzuhäufen; nur sehr wenige der Wohlhabenden dieser Welt wurden wohlhabend geboren; die große Mehrheit verdiente sich ihr Vermögen durch harte Arbeit.

Fragen Sie jeden, der mehr Geld auf der Bank hat als der typische Arbeiter, und er wird Ihnen sagen, dass er in der Vergangenheit extrem hart gearbeitet hat und dies auch weiterhin tut, um sein Vermögen zu erhalten. Sie werden Ihnen auch sagen, dass eine möglichst breite Streuung eine der besten Methoden ist, um Ihre Investitionen in Reichtum umzuwandeln.

Die meisten von uns haben zu Beginn ein knappes Budget und suchen nach kurzfristigen finanziellen Gewinnen, die unsere Bankkonten füllen. Solange Sie jedoch nicht im Lotto gewinnen, ist dies unwahrscheinlich. Es braucht Zeit und Mühe, um sich Reichtum und eine ausreichende finanzielle Stabilität zu erarbeiten, um ihn zu erhalten.

Jedes Mitglied des Millionärs- oder Milliardärsclubs wird auf die Diversifizierung von Investitionen hinweisen, so wie man nicht alles auf eine Karte setzen sollte. Es gibt so viele Möglichkeiten, sein Geld zu investieren, dass es schwierig sein kann, sich zu entscheiden, welche man verfolgen soll. Bevor Sie investieren, sollten Sie die Tendenzen der verschiedenen Märkte einige Zeit lang beobachten.

Die Eröffnung einer 401(k)-Rente und die Investition in einen Investmentfonds ist ein guter Anfang; dies ist eine relativ sichere Anlageform, und die langfristigen Renditen können zufriedenstellend sein. Sobald Sie erste Erträge in Ihrem Investmentfonds sehen, können Sie versuchen, einen Teil Ihrer Gewinne in andere Märkte zu investieren.

Investitionen in den Forex-Geldmarkt sind ein guter Ansatz, um in kürzerer Zeit größere Gewinne zu erzielen, aber Sie müssen verstehen, wie dieser Markt funktioniert, um einen Gewinn zu erzielen. Suchen Sie sich einen glaubwürdigen Anbieter, dessen Software ein Schulungsprogramm bietet, und studieren Sie es gründlich, bevor Sie investieren.

Der Kauf von Staatsanleihen und Schatzbriefen ist eine ziemlich sichere Investition; je nachdem, welche Sie kaufen, kann die Rendite recht hoch sein. Der einzige Vorteil ist, dass diese Anleihen von der US-Regierung gedeckt sind, die wahrscheinlich nicht in Konkurs gehen wird, so dass Ihr Geld sicher ist.

Nehmen Sie sich Zeit und investieren Sie intelligent, und Sie werden eine finanziell sichere Zukunft haben. Je breiter Ihr Portfolio gestreut ist, desto mehr Geld können Sie verdienen und Wohlstand schaffen.

Versuchen Sie, was ich getan habe, wenn Sie sofort oder innerhalb einer Stunde Geld brauchen. Ich verdiene heute mehr Geld als in meinem früheren Geschäft, und Sie können das auch, wenn Sie auf den Link unten klicken und die unglaubliche wahre Geschichte lesen. Ich war nur zehn Sekunden nach meinem Beitritt misstrauisch, bevor ich wusste, was das ist. Sie werden auch von einem Ohr zum anderen strahlen, so wie ich es tat.

Stellen Sie sich vor, Sie könnten Ihr Geld jede Woche verdreifachen, und das mit einem vernachlässigbaren oder gar keinem Risiko! Hier finden Sie eine Liste von verifizierten Million Dollar Corporations, die 75% Provision auf ihre Produkte geben.

Nachdem sie sich entschieden haben, in den Ruhestand zu gehen, machen sich viele Menschen Sorgen, dass ihnen das Geld ausgeht. Die Diversifizierung der Einkommensquellen für den

Ruhestand hilft, dieses Risiko zu mindern. Die Diversifizierung ist eine der wertvollsten Komponenten eines Finanzplans, da sie das Risiko, dass das Geld ausgeht, verringern kann.

Die meisten Rentner verfügen über verschiedene Einkommensquellen, um ihren Lebensstil zu sichern. Sozialversicherungsleistungen gibt es ab dem Alter von 62 Jahren. Konten für den Ruhestand und private Ersparnisse können in verschiedene Anlageklassen investiert werden. Versicherungsunternehmen bieten feste Renten an, die ein regelmäßiges monatliches Einkommen generieren können.

Sozialversicherungsleistungen und feste Rentenzahlungen sind garantiert, reichen aber möglicherweise nicht aus, um alle Kosten zu decken. Jede dieser Einkommensquellen birgt Risiken. Daher ist keine von ihnen ideal.

Außerdem kann es sein, dass sie nicht mit der Inflation Schritt halten, wodurch die Fähigkeit, die Kaufkraft über einen längeren Zeitraum zu erhalten, gefährdet ist, wenn sie die einzige Einkommensquelle sind. Die Garantien für festverzinsliche Renten hängen von der Fähigkeit der ausgebenden Versicherungsgesellschaft ab, Ansprüche zu begleichen.

Die Anlage in Aktien und Anleihen ist eine weitere Option, die bei der Suche nach einem Alterseinkommen in Betracht gezogen werden sollte. Aktien bieten ein größeres Potenzial für Kapitalzuwachs, sind aber risikoreicher und können im Wert sinken. Im Allgemeinen bieten Anleihen höhere Zinssätze als festverzinsliche Renten.

Anleihen unterliegen bis zu ihrer Fälligkeit dem gleichen Risiko des Wertverlusts wie Aktien. Weder Aktien noch Anleihen bieten einen monatlichen Cashflow. Die meisten Anleihen werden halbjährlich verzinst. Bei Aktien können vierteljährliche Dividenden gezahlt werden, müssen aber nicht. Viele zahlen jedoch überhaupt keine Dividende.

Die Diversifizierung trägt dazu bei, das Risiko zu mindern, das mit dem Verlassen auf nur eine Einkommensquelle für den Ruhestand verbunden ist. Die Sozialversicherung und eine feste Rentenzahlung können als TEIL eines umfassenden Ansatzes eine monatliche Einkommensbasis bilden. Investitionen in Rentenkonten und andere Ersparnisse können genutzt werden, um feste Zahlungen zu ergänzen und langfristiges Wachstum zu generieren.

Ein breit gefächertes Portfolio kann vor unvorhersehbaren Katastrophen schützen. Viele Rentner sind besorgt, dass sie ihre Mittel nicht ausschöpfen können. Feste Renten können dieses Problem je nach gewählter Auszahlungsoption lindern. So kann eine feste Rente auch als Pflegeversicherung dienen.

Sozialversicherungen und feste Renten sind zwar nützlich, um ein stabiles Einkommen zu erzielen, erfüllen aber nicht den Bedarf an Pauschalbeträgen. Wer einen Teil seines Vermögens in liquiden Anlagen wie Aktien und Anleihen aufbewahrt, kann damit im Bedarfsfall hohe Notausgaben decken. Eine zweite

Sorge ist, dass in der Frühphase des Ruhestands erhebliche Ausgaben, z. B. eine hohe Arztrechnung, anfallen könnten.

Diversifizierung, die zweite goldene Regel des erfolgreichen Investierens, bedeutet nicht nur, dass man nie zu viele Eier in einen Korb legen darf, der zudem ein angemessenes Gleichgewicht zwischen festverzinslichen Wertpapieren und Aktien aufweisen muss, sondern auch, dass der so wichtige Aktienteil des Portfolios in eine ausreichende Anzahl von Teilsektoren unterteilt werden muss, um das Risiko auf eine angemessene Anzahl von Einzelwerten zu verteilen.

Da Kanada nur 2 bis 3 % des weltweiten Aktienmarktwertes ausmacht, ist eine Diversifizierung im Ausland unerlässlich, um mehr und bessere Anlagemöglichkeiten zu erhalten. Ausländische Investmentfonds, börsengehandelte Fonds oder US-amerikanische und kanadische Unternehmen mit beträchtlichen weltweiten Aktivitäten können zur globalen Diversifizierung genutzt werden.

Bei einer solchen Suche wird man feststellen, dass es eine Fülle von ausländischen Aktien gibt, aus denen man wählen kann, wobei das Vertrauen in die Informationsquellen, auf denen solche Entscheidungen beruhen, von wesentlicher Bedeutung ist.

Die Notwendigkeit der Diversifizierung unterstreicht auch die Bedeutung der statistischen Signifikanz der einzelnen Portfoliobestände. Mit anderen Worten: Einzelne Vermögenswerte sollten nicht zu klein werden, um einen sinnvollen Beitrag zum Wachstum des Portfolios zu leisten.

Aus diesem Grund sollte ein einzelner Aktienanteil nie weniger als 5 % eines Portfolios ausmachen. Die regelmäßige Neugewichtung der Vermögenswerte auf gleiche Dollargewichte ist wiederum entscheidend für die Erzielung höherer langfristiger Ergebnisse, die dieser innovative und bewährte Ansatz hervorbringen kann.

Investitionen sind per definitionem nie risikofrei - Rezession, Inflation, globale Katastrophen, unerbittlicher weltweiter Wettbewerb, technologische Entwicklungen, steigende Steuern, Unternehmensinsolvenzen, Gewinneinbußen usw.

Dennoch lassen sich diese Risiken durch vorheriges Studium, eine umsichtige Aufteilung der Vermögenswerte und eine angemessene Diversifizierung auf ein akzeptables Maß reduzieren - wieder diese goldenen Grundsätze!

Eine Risikokontrolle oder -absicherung kann auch durch den Einsatz ausgeklügelter Derivate erreicht werden, deren Wert sich aus den Veränderungen der Kräfte ergibt, die die Aktien- und Anleihekurse beeinflussen.

So kann beispielsweise ein Getreidebauer einen Kontrakt verkaufen, um den Preis seiner Ernte zu sichern, während ein Kunde, z. B. ein Lebensmittelhersteller, ein Derivat vom Getreidebauern kauft, um den Preis von Rohstoffen zu sichern.

Letztendlich können Derivate eingesetzt werden, um Portfolios gegen Kapital- und Einkommensverluste zu versichern, und sind daher sehr effektiv bei der Hebelwirkung, d. h. der Steigerung der Anlagerenditen durch Kreditaufnahme. Sie können jedoch auch gefährlich sein, wenn übermäßige Beträge aufgenommen oder unverantwortlich eingesetzt werden.

KIRSCHEN AUF DER SPITZE.

Portfolios angemessen ausbalancieren, diversifizieren und diszipliniert und systematisch investieren. Mit der Zeit kann ein ausreichendes Polster für risikoreichere Anlagen oder sogar für Spekulationen mit einem einmaligen Gewinn vorhanden sein, um das Potenzial für den Vermögensaufbau zu erhöhen:

Aber denken Sie immer daran, sich vorher zu informieren und solche Schritte nur dann zu unternehmen, wenn die Portfolios richtig aufgebaut sind und die möglichen Verluste, die mit einem höheren Risiko verbunden sind, verkraftet werden können.

Eine letzte Überlegung ist, dass effektives Investieren, ein langfristiges Risiko-Ertrags-Verhältnis, das Erklimmen nicht enden wollender Mauern der Angst in einem Prozess mit vielen voneinander abhängigen Variablen mit sich bringen muss.

Wenn Sie sich jedoch an die beiden goldenen Regeln halten, sich in Geduld üben und Selbstdisziplin üben, können Sie sicher sein, dass Ihr sorgenfreier Ruhestand dank hervorragender und effektiver Investitionen Wirklichkeit wird.

Denken Sie auch daran, dass die Zeit, die Sie auf dem Markt verbringen, bei der Überwindung dieser Mauern der Angst weitaus wichtiger ist als das tägliche Timing. Der legendäre Sir John Templeton vertrat einst die Ansicht, dass der ideale Investitionszeitpunkt der ist, an dem man bereits über Kapital verfügt. In ähnlicher Weise hat der große Warren Buffett die Ungewissheit und die sich daraus ergebenden Abschlagschancen stets als Freund des Käufers langfristiger Anlagewerte betrachtet.

Trotz der Komplexität moderner Anlagen hatten unsere Eltern nie eine so große Auswahl an Anlageprodukten und -dienstleistungen, aus denen sie wählen oder auf denen sie ihre langfristige Altersvorsorge aufbauen konnten. Investieren und Wohlstand bei gleichzeitiger effektiver Steuerung des Risiko-Ertrags-Verhältnisses ist eine Herausforderung, die wir so gut wie nie zuvor bewältigen können.

Für Anleger in den heutigen beneidenswerten, steuerlich soliden und verlockend "investierbaren" sicheren Hafen für Investitionen, vergleichbar mit keinem anderen!

SCHLUSSFOLGERUNG.

Es besteht kein Zweifel, dass Reichtum und Wohlstand für das Glück unerlässlich sind. Geld gibt Ihnen vielleicht keine weiteren Lebensjahre, gute Gesundheit oder Glück, aber es spielt eine wichtige Rolle in der Gesellschaft und ist eine mächtige Kraft, die die Weltwirtschaft antreibt.

In den spirituellen Studien gibt es ein Gesetz des Reichtums und des Erfolgs, und jeder, der diese sieben Regeln zur Erzeugung von Wohlstand kennt und anwendet, wird erfolgreich sein. Nur wenige Menschen kennen diese sechs Prinzipien, da sie unseren Augen, die nur greifbare Objekte sehen, verborgen sind und sich dem allgemeinen Verständnis entziehen.

Die alten Weisen vieler Zivilisationen und Religionen waren mit den SECHSEN Gesetzen zur Schaffung von Reichtum vertraut. Sie sind universell; daher kann jeder, egal welchen Glaubens, sie anwenden, um außergewöhnliche Leistungen zu erzielen.

Es ist auch wichtig, Geld als eine Quelle göttlicher Energie zu betrachten. Jeder ist sich ihrer bewusst, aber man muss sie manifestieren. Es ist nur notwendig, sie nach außen zu tragen. Mit anderen Worten: Solange Sie keine "Millionärsmentalität" kultivieren, ist es schwer, Reichtum in Ihr Leben zu ziehen.

Haben Sie keine Abneigung gegen Geld. Wenn diese Energie angemessen kanalisiert und mit der kreativen Harmonie des Universums kombiniert wird, können Ihre positiven, kraftvollen Gedanken alles manifestieren, was Sie sich in Ihrem Leben wünschen.

Mag nicht jeder das Geld? Die Menschen lehnen Geld aus religiösen Gründen unbewusst ab, obwohl sie es offen empfangen. Sie müssen Geld so vollständig und hingebungsvoll lieben, wie Sie Ihren TEILner lieben.

Lieben Sie das Geld ohne Arroganz, und es wird Ihnen den Gefallen erwidern. Betrachte es nicht als böse oder stelle seine Natur in Frage. Geld ist nicht unrein, nur der Verstand derer, die es besitzen, ist unrein. Wer verurteilt, verliert.

Finanzielle Sicherheit wird durch ein Verfahren erreicht. Es bedeutet, dass dieser Prozess Sie Ihr ganzes Leben lang begleiten wird, und indem Sie Ihr Herz und Ihren Verstand für den Reichtum öffnen, werden Sie ein Gefühl von Reichtum entwickeln, das Ihnen niemand nehmen kann.

Ideen sind Energieimpulse, die sich materialisieren können; daher muss man sich bewusst machen, dass das Schicksal des Lebens vollständig in den Gedanken enthalten ist. Gewöhnen Sie sich also daran, an Leichtigkeit, Reichtum und Erfolg zu denken; das Beste wird zu Ihnen kommen. Verabscheuen Sie sich nicht!

Wenn Geld in Ihr Leben tritt, ist es einem Ziel, einem Ziel oder einem Wunsch untergeordnet. Die treibende Kraft des Lebens hat einen Zweck; sie gibt dem Leben einen Sinn und macht es heilig. Es liegt an Ihnen, den Zweck Ihres Lebens zu bestimmen.

Sie müssen ausdrücklich festlegen, wie sich der Reichtum in Ihrem Leben manifestieren soll, denn er hat mehrere Erscheinungsformen. Legen Sie von nun an Ihr Lebensziel so weit wie möglich fest und halten Sie daran fest, bis Sie es erreicht haben.

Geld ist eine Energie, und alle Energien müssen zirkulieren; daher muss Geld auf die gleiche Weise zirkulieren wie Blut. Wenn das Blut leicht durch Ihren Körper fließt, ist Ihre Gesundheit hervorragend. Halten Sie also Ihr Geld in Bewegung. Das schließt das Sparen nicht aus. Sie müssen es aus dem Gefühl des Lebensoptimismus heraus sparen.

Die Menschen glauben, dass das Sparen sie vor "Regentagen" schützt, doch dieser Glaube beruht auf Pessimismus, der im Hinblick auf den Geldkreislauf nicht gefördert wird. Haben Sie nicht ständig Angst.

Daher wird das Sparen von Geld, solange es durch eine gesunde, angenehme Einstellung motiviert ist, den Fluss des Geldes oder der kosmischen Energie im Kosmos nicht behindern.

Wer Reichtum erwirbt, ohne etwas zurückzugeben, erzeugt negatives Karma, das sich schließlich manifestieren wird. Das Universum wird Sie mehr belohnen, wenn Sie großzügig, selbstlos, wahrhaftig und bescheiden sind, ohne arrogant oder heuchlerisch zu sein.

Geben und Nehmen gehen über den Bereich der materiellen Güter hinaus. Es kann auch Wertschätzung, Schmeichelei oder Bewunderung für andere bedeuten. Erweitern Sie daher Ihr Herz, um mehr zu geben und anzunehmen. Denken Sie daran, dem Universum Dankbarkeit und Wertschätzung für das Geschenk auszudrücken und sich über das zu freuen, was Sie gerade besitzen.

Jeder hat eine "kleine Stimme", die sich meldet, wenn er unsicher ist. Das Problem ist, dass wir die "kleine Stimme" völlig ausgeblendet haben. Diese Stimme ist wirklich Ihr bester Freund im Leben und befindet sich in der rechten Gehirnhälfte.

Um Ihren Freund zu konsultieren, formulieren Sie einen Wunsch oder eine Anfrage in Ihrem Herzen und lassen Sie, vorzugsweise während der Meditation, alles fließen, was kommt. Wann immer Sie also auf ein unsicheres Szenario stoßen, nutzen Sie Ihre Intuition für Inspiration und Führung. Nutzen Sie also Ihre Instinkte bei Ihren Bemühungen, Geld zu verdienen!

Dies sind die sechs effektivsten Regeln zum Geldverdienen. Sie sind die unbestrittenen Techniken, um in Ihrem Leben reich zu werden. Sie sollten ihnen immer vertrauen, denn sie haben sich im Laufe der Geschichte immer wieder bewährt. Setzen Sie sie sofort um, und Ihre Bemühungen werden sich lohnen.

Konsultieren Sie Ihre geistige Führung, wenn Sie sich nicht sicher sind. Wenden Sie sie täglich mit Selbstvertrauen und Ausdauer an, und Sie werden schon bald wunderbare Ergebnisse feststellen.

Management-Fähigkeiten für Führungskräfte.

- Zeitmanagement für Manager
- Mitarbeiter-Coaching für Manager
- Teambildung für Manager
- Selbstvertrauen für Manager
- Verhandlungsgeschick für Manager
- Kundenservice-Fähigkeiten für Manager
- Durchsetzungsvermögen für Manager
- Business-Etikette für Manager
- Zuhören können für Manager
- Führungsqualitäten für Manager
- Kommunikationsfähigkeiten für Manager
- Präsentationstechniken für Manager
- Stressmanagement für Manager
- Entscheidungsfindung für Manager
- Konfliktmanagement für Manager.

Serie: Finanzielle Freiheit in jedem Alter.

- Finanzielle Freiheit in den 20ern erreichen
- Finanzielle Freiheit in den 30er Jahren
- Finanzielle Freiheit in den 40ern erreichen
- Finanzielle Freiheit in den 50ern erreichen
- Erreichen der finanziellen Freiheit in den 60ern
- Finanzielle Freiheit in den 70ern und darüber hinaus.
- Finanzielle Freiheit bei Kindern erreichen
- Finanzielle Freiheit bei Teenagern erreichen
- Finanzielle Freiheit bei Studenten erreichen.

- ➢ Finanzielle Betrügereien, vor denen man sich im Ruhestand in Acht nehmen sollte.

Serie: Persönliche Finanzen für Sie.
- ➢ Kauf und Verkauf von Kryptowährungen für Anfänger
- ➢ Warum es Sinn macht, in Dividendenaktien zu investieren.

Serie: Reichtum 2022.

- ➢ Online-Unternehmertum.
- ➢ Ihr eigenes Unternehmen gründen
- ➢ Vermögensverwaltung
- ➢ Passives Einkommen.
- ➢ 12 Schritte zur Gründung Ihres eigenen Unternehmens.

Serie: Exzellenter Kundenservice.
- ➢ Exzellenter Kundenservice im Einzelhandel
- ➢ Exzellenter Kundenservice im Fast-Food-Bereich
- ➢ Exzellenter Kundenservice im Full-Service-Restaurant
- ➢ Exzellenter Kundenservice in der Lehre.
- ➢ Exzellenter Kundenservice in der Immobilienbranche

- Exzellenter Kundenservice in einem Call Center
- Exzellenter Kundenservice als Rezeptionist
- Exzellenter Kundenservice in einem Hotel
- Exzellenter Kundenservice im Verkauf
- Exzellenter Kundenservice in jeder Situation.
- Exzellenter Kundenservice in der Zahnarztpraxis
- Exzellenter Kundenservice in der Arztpraxis.

Serie: Schnelles Geld.

- Schnelles Geld in einer Woche
- Schnelles Geld an einem Wochenende
- Schnelles Geld in einem Monat
- Schnelles Geld für Studenten.

Serie: Wie man Werbung macht.

- Wie Sie Ihr Rezeptbuch promoten
- Wie Sie für Ihr Kinderbuch werben.

Andere Bücher von D.K. Hawkins.

- Wie Sie Ihr Unternehmen während einer Rezession zum Erfolg führen
- Mehrwerte für Kunden schaffen
- Erkennen von Möglichkeiten zur Steigerung des Cashflows.

- Rezessionen sind die Zeit, in der Millionäre und Milliardäre geschaffen werden.
- Die sechs Gesetze des Reichtums.

Autor Bio

D.K. Hawkins. D.K. liest gerne persönliche Geschäftsbücher und verbringt Zeit in der Natur. Es werden noch mehr Bücher in dieser Sammlung erscheinen, also folgen Sie bitte auf Amazon für weitere Bücher.

Vielen Dank, dass Sie dieses Buch gekauft haben.

Ich weiß es wirklich zu schätzen und schätze Sie, meinen hervorragenden Kunden.

Gott segne Sie.

D.K. Hawkins.

www.ingramcontent.com/pod-product-compliance
Lightning Source LLC
Chambersburg PA
CBHW052347220526
45465CB00003BA/990